T0210080

essentials

essentials liefern aktuelles Wissen in konzentrierter Form. Die Essenz dessen, worauf es als „State-of-the-Art" in der gegenwärtigen Fachdiskussion oder in der Praxis ankommt. *essentials* informieren schnell, unkompliziert und verständlich

- als Einführung in ein aktuelles Thema aus Ihrem Fachgebiet
- als Einstieg in ein für Sie noch unbekanntes Themenfeld
- als Einblick, um zum Thema mitreden zu können

Die Bücher in elektronischer und gedruckter Form bringen das Expertenwissen von Springer-Fachautoren kompakt zur Darstellung. Sie sind besonders für die Nutzung als eBook auf Tablet-PCs, eBook-Readern und Smartphones geeignet. *essentials:* Wissensbausteine aus den Wirtschafts-, Sozial- und Geisteswissenschaften, aus Technik und Naturwissenschaften sowie aus Medizin, Psychologie und Gesundheitsberufen. Von renommierten Autoren aller Springer-Verlagsmarken.

Weitere Bände in dieser Reihe http://www.springer.com/series/13088

Boris Mackrodt

Team Play

Was Counter Strike-Spielern
bei virtueller Teamarbeit
gelingt und was nicht

 Springer

Boris Mackrodt
Wiesbaden, Deutschland

ISSN 2197-6708   ISSN 2197-6716   (electronic)
essentials
ISBN 978-3-658-16339-6   ISBN 978-3-658-16340-2   (eBook)
DOI 10.1007/978-3-658-16340-2

Die Deutsche Nationalbibliothek verzeichnet diese Publikation in der Deutschen Nationalbibliografie; detaillierte bibliografische Daten sind im Internet über http://dnb.d-nb.de abrufbar.

Springer ist Teil von Springer Nature
Die eingetragene Gesellschaft ist Springer Fachmedien Wiesbaden GmbH
Die Anschrift der Gesellschaft ist: Abraham-Lincoln-Str. 46, 65189 Wiesbaden, Germany

Was Sie in diesem *essential* finden können

- Reflexion der Veränderung der Organisationsstrukturen und Arbeitsbedingungen durch Digitalisierung und Globalisierung
- Diskussion von Gaming als Avantgarde der virtuellen Zusammenarbeit am Beispiel Counter Strike
- Einschätzung des Potenzials von „Gamification"

Motivation und Danksagung

Als ich im Jahr 2008 als PR-Berater die World Cyber Games in Köln betreuen durfte, war ein großes Anliegen, dieses damals weltweit größte Event des professionellen Computerspiels möglichst weit weg von dem Image der damals so genannten „Killerspiele" zu positionieren. Deswegen war im Fokus unseres Darstellungsinteresses die klassische Fußball-Simulation, die sich ohne viel Transferleistung als eine Variante des Lieblingssports der Deutschen darstellen ließ (Horak 2013).

Angezogen wurde ich persönlich aber vom Baller-, Killer-, Taktik- und Pfui-Spiel Counter Strike. In den Hallen spürte man, dass dort die meisten Energie war, das Publikum die größte Begeisterung hatte, die ganze Szene irgendwie auch am hermetischsten und unverständlichsten war und gleichzeitig am stärksten die Magie des Neuen, den Vorgeschmack auf die digitale Welt transportierte. War der PR-Job, die Blicke darum herum zu lenken, ist es die Aufgabe dieser Master Thesis, genau dorthin zu leuchten.

Diese Arbeit ist der Schlussstein meines MAS-Studiums an der FH Nordwestschweiz. In diesen drei Jahren durfte ich viel über Organisationen, Teams und mich selbst lernen und zwar nicht (nur) aus Büchern, sondern vor allem durch (Gruppen)-Erfahrung und manchmal auch als „shock of recognition". Dafür möchte ich allen Lehrpersonen und Studierenden danken, die ich treffen durfte. Besonders jedoch Olaf Geramanis, der das ganze Studium konzipiert und verantwortet und so auch für mich einen „Erfahrungsraum" geschaffen hat, den ich an einer Hochschule nicht erwartet hatte und deswegen umso mehr schätze.

Ganz besonders möchte ich auch meinem Kommilitonen Marcel und seiner Frau Andrea danken, die mich sehr, sehr gastfreundlich aufgenommen haben und mir die Schweiz verstehen und bedienen halfen. Das Gleiche gilt im virtuellen

Terrain von Counter Strike für meine Lotsen Nicole und Timur, ohne deren Einführung ich diese Arbeit nicht hätte schreiben können. Und wie immer gilt mein Dank meiner Frau Cori und meiner Tochter Sophie, die mich auch bei diesem Projekt unterstützten und gelegentliche Resonanzen des Erlebten tapfer ertrugen.

Inhaltsverzeichnis

Abkürzungsverzeichnis

CEO   Chief Executive Officer (analog zu Geschäftsführer/in)

FPS   First Person Shooter (Kampfspiel, das in subjektiver Perspektive dargestellt wird. Eines der bekanntesten Spiele des Genres ist „Counter Strike")

JTAC   Joint terminal attack controller (Vokabel der United States Armed Forces für eine Fachperson, die entfernte Drohnen über Computer und Datennetz steuert)

LAN   Local Area Network (PC-Netzwerk)

MMORPG   Massive Multiplayer Online Role Playing Game (d. h. ein Online-Spiel mit vielen Mitspielenden, die in verschiedenen Rollen agieren. Das bekannteste Spiel des Genres ist „World of Warcraft")

Untersuchungsgestand und Methode 1

Eine zunehmende Wettbewerbsdynamik durch Globalisierung und Digitalisierung zwingt Unternehmen zur Anpassung ihrer Organisationsstrukturen. „Virtuelle Teams" werden gebildet, um Standort, Zeitzonen, aber auch Organisationsgrenzen übergreifende Zusammenarbeit zu ermöglichen.

Teams sollen dabei mit Geramanis (2014, S. 180) definiert werden als „eine spezifische Gruppe, die arbeitsteilig aufeinander angewiesen ist und erst in der Kombination ihres Wissens und Könnens die notwendigen Ergebnisse erzielt".

Virtuelle Teams sollen darüber hinaus mit App (2013, S. 12) dadurch gekennzeichnet sein, dass „ihre Mitglieder an unterschiedlichen Standorten arbeiten und moderne Medien und Social Software für die Interaktion mit den übrigen Teammitgliedern einsetzen."

Durch den Einsatz von (Computer)-Technik sollen zeitliche/räumliche Defizite kompensiert und durch flexiblere Rekrutierung der Teammitglieder eine höhere Passung an die Aufgaben ermöglicht werden. Die Kostenvorteile scheinen evident, aber die tatsächliche Leistungsfähigkeit von virtuellen Teams wird vielfach kritisch gesehen (zusammenfassend: Gallenkamp et al. 2010).

Doch außerhalb der Wirtschaft scheint es einen Bereich zu geben, in dem medial vermittelte Teamarbeit problemlos zu funktionieren scheint: Zu jeder Uhrzeit organisieren sich Millionen Computerspielende weltweit im Internet zu Teams, um erfolgreich mit- und gegeneinander zu kooperieren.

Diese Arbeit versucht am Fall des „First person shooter" (FPS)-Spiels „Counter Strike" darzulegen, was die besonderen Bedingungen für Teamarbeit im Online-Gaming sind, was diesen Bereich von der Arbeitswelt unterscheidet und wo gegebenenfalls ein Transfer von Gelingendem möglich ist.

Die Frage ist: *Was gelingt Counter-Strike-Spielenden im Hinblick auf „virtuelle" Zusammenarbeit?*

© Springer Fachmedien Wiesbaden GmbH 2017
B. Mackrodt, *Team Play,* essentials,
DOI 10.1007/978-3-658-16340-2_1

Da in der zentralen Literatur das Spiel als eine freiwillige Handlung definiert wird (grundlegend Huizinga 2006, S. 16), soll zudem die Hypothese überprüft werden:

H1 Die zentrale Grundlage virtueller Gaming-Teams ist die Idee der Freiwilligkeit – fehlt diese, wird das Team nicht erfolgreich sein.

Der enge Rahmen der Arbeit und das spezielle Erkenntnisinteresse bedingen, dass angrenzende und weiterführende Thematiken nicht behandelt werden können. So wird beispielsweise der Fragekomplex rund um das Thema „Gewalt durch Computerspiele"[1] oder das Suchtpotenzial von Computerspielen nicht diskutiert werden. Auch kann die weitreichende digitale Ökonomie rund um das Online-Gaming nicht dargestellt werden. Zudem wird diese Arbeit nicht die spieltechnischen Feinheiten von Counter Strike diskutieren (vgl. hierzu insb. Reeves et al. 2009).

Methode und Aufbau

Die Arbeit ist eine Theoriearbeit, die sich vor allem auf Arbeiten der Organisationssoziologie und der Spiel- beziehungsweise Computerspielforschung bezieht. Um Sachverhalte zu klären, die dem Verfasser in der Literatur unklar blieben, wurden zusätzlich vier Experteninterviews mit Counter-Strike-Spielenden im Alter zwischen 17 und 35 Jahren geführt. Aussagen aus diesen Interviews werden illustrativ herangezogen, um die Aussagen aus der Literatur zu verdeutlichen oder zu präzisieren[2]. Interviews wurden durchgeführt mit:

- Timur (männlich, 32) – Eventmanager, semiprofessioneller Spieler und Clan-Manager
- Nicole (weiblich, 35) – PR-Beraterin, Ex-Spielerin

---

[1]Eine gute Übersicht zum aktuellen Stand der Forschung bieten Greitemeyer und Mügge (2014, S. 180), die in einer großen Meta-Analyse alle bisherigen Studien zum Verhältnis von Konsum gewalttätiger Computerspiele und gewalttätigem Verhalten ausgewertet haben. Die Forscher kommen zu dem Schluss, dass bei starkem Konsum eine moderate Korrelation nachgewiesen werden kann. Eine monokausale Beziehung lasse sich aber nicht nachweisen. Da die Autoren Schwächen bei allen bisherigen Untersuchungen ausmachen konnten, ist davon auszugehen, dass die Diskussion zwischen den Polen „Mediengewalt führt zu gewalttätigem Verhalten" und „Mediengewalt führt nicht zu gewalttätigem Verhalten" weitergeführt wird. Die vom Verfasser befragten Counter-Strike-Spieler halten die Gewaltthese durchgehend für Unfug.

[2]Nach Rücksprache mit Prof. Geramanis werden die kurzen illustrativen Statements ohne Aufbereitung durch Dokumentation und Codierung in den Text eingefügt.

- Nikita (männlich, 17) – Gymnasiast, aktiver Freizeitspieler
- Norman (männlich, 29) – Software-Entwickler, Gelegenheitsspieler mit aktiver Spielervergangenheit

Zudem bot der Internetkanal twitch.com die Möglichkeit, Counter-Strike-Spielenden über die „virtuelle" Schulter zu schauen und das Spiel aus Spielerperspektive zu sehen. Diese Möglichkeit hat der Verfasser vor allem während des Finalturniers der Electronic Sports League (ESL One Finals 2015) im August des Jahres 2015 genutzt. Dieser Ansatz hat seine methodischen Grenzen.

Aus einer ethnografischen Sicht wäre zu fragen, ob das zu Beschreibende ohne aktive Teilnahme verstanden werden kann. Dem sei entgegnet, dass gerade die dadurch nicht aufgelöste Distanz die kritische Reflexion fördert; gleichwohl werden nicht alle Feinheiten (die gegebenenfalls große Wirkungen haben) erfasst, sodass hier auf eine gewisse Fehleranfälligkeit in der Argumentation hingewiesen werden muss, wenngleich die Sachbeschreibungen durch Counter-Strike-Spielende überprüft wurden. Alle Fehler und mögliche Fehlschlüsse gehen aber selbstverständlich auf das Konto des Verfassers.

Zweitens wäre eine stärkere Unterstützung der vorgetragenen Thesen durch belastbare Felduntersuchungen wünschenswert: Beispielsweise wäre eine experimentelle Forschung über die Problemlösungskompetenz von eingespielten Gaming-Teams bei Fragestellungen außerhalb der Spielwelt ein explizites Forschungsdesiderat.

Die verfügbare Literatur zu Teams und Gesellschaft im Online Gaming wurde eingearbeitet, da aber der junge Zweig der „Games Studies" in schneller Bewegung ist, steht zu erwarten, dass bei Veröffentlichung dieser Arbeit neue Erkenntnisse vorliegen werden. Im Jahr 2015 ergab die Recherche jedoch aber keine Arbeiten, die sich explizit mit der gelingenden Kollaboration von Counter-Strike-Teams auseinandersetzt. Daher hofft der Verfasser, der Leserin und dem Leser neue Überlegungen und neues Verständnis anbieten zu können.

Im Lauf der Argumentation soll nach einem kurzen Problemaufriss hinsichtlich der virtuellen Teamarbeit zunächst eine Darstellung des Spiels und der Counter-Strike-Szene erfolgen. Dann soll zunächst nach den Motivationen der Spielenden gefragt werden, bevor über diese (erfüllten) Motivationen hinaus untersucht wird, was spezifisch im Hinblick auf die Gruppenarbeit gelingt. Schließlich wird geprüft, unter welchen Bedingungen dieses Gelingen gelingen kann. Dies wiederum soll in eine Diskussion führen, was den Counter-Strike-Spielenden nicht gelingt (und gelingen kann) und wie es um die Übersetzung in andere Kontexte, insbesondere der Arbeitswelt, steht.

Flexible Arbeit in der Netzwerkgesellschaft

Im frühen 21. Jahrhundert gibt es in der hoch entwickelten Welt kaum mehr eine Arbeit, bei der nicht ein Computer zwischen Mensch und Aufgabe vermittelte. Selbst das Handwerk und die Landwirtschaft funktionieren nicht mehr ohne Computer und Computerkenntnisse. Wer im Industriezeitalter ein „Kraftfahrzeugmechaniker" wurde, ist heute „Mechatroniker". Das kann man kritisieren oder als Gang der Dinge hin- beziehungsweise freudig annehmen. In jedem Fall steigen, unabhängig von der individuellen Zustimmung, bei jeglicher Arbeit die Anforderungen an die abstrakte Symbolverarbeitung.

Um der Komplexität, wenn nicht der Aufgaben, so doch der Werkzeuge, gerecht zu werden, wird ein lebenslanges Lernen propagiert, was im Umkehrschluss eine immer kürzere Halbwertzeit und damit eine immer schnellere Entwertung des einmal Gelehrten und Gelernten impliziert. Dies ist ein Hinweis darauf, warum „klassische" Erwerbsbiografien bei einem oder wenigen Arbeitgebern mit nahezu gleicher Aufgabe immer seltener werden müssen.

Neben „Wachstum" ist „Flexibilität" (Sennett 1998, S. 28) zur Losung der neuen Ökonomie geworden. Und zwar nicht nur in der Lagerhaltung, Logistik und Produktion, sondern auch bei der Arbeitskraft selbst. Wie Manuel Castells in seinem Grundlagenwerk „Das Informationszeitalter" voraussagt, scheint die „Arbeitskraft *just-in-time* (…) die Lieferung *just-in-time* [Hervorhebungen im Original] als Schlüsselressource der informationellen Ökonomie abzulösen" (Castells 2001, S. 305).

Einen Beleg dafür, dass die Flexibilisierung der Arbeit und der Arbeitsverhältnisse tatsächlich der aktuelle Modus ist, liefert eine Auswertung der in Deutschland gemeldeten Neueinstellungen für das Jahr 2014: Die fünf Unternehmen mit den meisten neuen Arbeitnehmern sind allesamt Personaldienstleister (Giersberg 2014) – was natürlich nicht bedeutet, dass sich hier klassische Betriebe mit klas-

© Springer Fachmedien Wiesbaden GmbH 2017
B. Mackrodt, *Team Play*, essentials,
DOI 10.1007/978-3-658-16340-2_2

sischer Kollegenschaft entwickeln, sondern umkehrt, dass anderen Unternehmen ein immer größer werdendes Reservoir an flexiblen Arbeitsressourcen zur Verfügung gestellt wird, was wiederum deren Organisationsgrenzen eher verflüssigt als verfestigt.

2.1 Funktionsverlust der Organisationsformen

In dieser postmodernen Netzwerkgesellschaft verlieren die Organisationsformen der Moderne zunehmend ihre Funktionalität, denn die „neue Informationstechnologie definiert (…) Arbeitsprozesse, Arbeitskräfte und daher auch die Beschäftigungs- und Berufsstruktur neu" (Castells 2001, S. 282). Ist die globale Netzwerkstruktur einmal etabliert, ist es so gut wie unmöglich auszusteigen: „[J]eder Knoten, der sich ausklinkt, [wird] einfach übergangen, und die Ressourcen – Kapital, Information, Technologie, Güter, Dienstleistungen, qualifizierte Arbeit – fließen einfach weiter durch das übrige Netzwerk" (Castells 2001, S. 157).

Es sind auch diese Bedingungen, die zu einer Krise des traditionellen Organisationsmodells führen, das wegen seiner vertikalen Integration und des hierarchischen, funktionalen Managements nicht flexibel genug agieren kann (vgl. Castells 2001, S. 179). Die grundlegende Forderung der Netzwerkökonomie nach Flexibilität bricht sich also nicht nur Bahn über den Einsatz von Zeit- und Prekärarbeiter/innen, sondern auch in den Organisationen selbst in Gestalt von Projektteams und flachen Hierarchien sowie an deren Rändern durch die Vernetzung mit Lieferanten und Innovationspartnern (vgl. Chesbrough 2003).

Der CEO des chinesischen Staatskonzerns Haier, Zhang Ruimin, gibt es einen radikalen Ausblick: „In Zukunft gibt es nur noch Plattform-Inhaber, Unternehmer und Mikrounternehmer. Unsere fünf Forschungszentren weltweit funktionieren heute schon wie Plattformen, auf denen Unternehmer zusammenarbeiten. Die Firma der Zukunft hat keine Angestellten mehr" (Mattheis 2015).

2.2 Anforderungen an die Arbeitsorganisation

Aus der Systemlogik der Netzwerkökonomie heraus wäre eine allzeitliche Einsatzbereitschaft (24 h × 7 Tage) bei aufgabenspezifisch flexibel kombinierbaren Lösungsfähigkeiten, weitgehender Selbststeuerung der Arbeitenden bei einer potenziellen Offenheit für dritte Experten und einem Mindestmaß an dadurch verursachten Kosten ideal. Genau diese Punkte werden von Organisationsberatern auch als konkrete Optimierungspotenziale für Unternehmen benannt (vgl. Herrmann et al.

2012, S. 27) und führen zur Bildung von virtuellen Teams, die diese Vorteile realisieren sollen.

2.3   Virtuelle Teams in der Wirtschaft

Akin und Rumpf zitieren eine Untersuchung der Hay Group nach der in Deutschland im Jahr 2013 74 % der Befragten angaben, in ihren Unternehmen bereits virtuelle Teams einzusetzen (Akin und Rumpf 2013, S. 378). In der Praxis ist diese Organisationsform also zumindest in Vorreiterbereichen wie Forschung & Entwicklung oder Marketing bereits angekommen, und es steht zu erwarten, dass mit zunehmender Globalisierung, Projektgeschäften und gleichzeitiger technischer Netzwerkentwicklung immer mehr Beschäftigte in „virtuellen" Arbeitsformen tätig werden.

Allerdings scheint diese Organisationsform noch nicht sonderlich erfolgreich zu sein. Nach Zahlen der Unternehmensberatung Rochus Mummert scheitern drei von vier virtuellen Teams (Döring und Meser 2013).

Entsprechend betont die Literatur (zusammenfassend: Gallenkamp et al. 2010), dass die Zusammenarbeit in virtuellen Teams kein Selbstläufer ist und diese Organisationsform zusätzliche Anforderungen an Mitarbeiter und Führung stellt.

Dabei scheint es weniger der Mangel oder der Einsatz von noch ungewohnten, aber dennoch vorhandenen Werkzeugen[1] zu sein, der die virtuelle Zusammenarbeit erschwert, sondern es sind vor allem der durch die räumliche Trennung hervorgerufene Informationsverlust und die Erschwerung von gruppendynamischen Klärungsprozessen, die einer virtuellen Teamarbeit im Besonderen entgegenstehen.

So heißt es in einer Studie von Albrecht und Albrecht-Goepfert (2012, S. 46) zur Führung von virtuellen Teams, dass die ersten Entwicklungsstufen des klassischen Team Building nach Tuckman (vgl. König und Schattenhofer 2011, S. 60 f.) in virtuellen Strukturen aufgrund des Zeit- und Kostendrucks nicht mehr vollständig realisierbar seien.

> Gemeinsame Grundlagen wie Vertrauen, Zusammengehörigkeitsgefühl, Wissen um die Zuverlässigkeit der Teammitglieder, Commitment für einzelne Aufgaben oder das Gesamtprojekt, die in Präsenzteams durch das tägliche Zusammenarbeiten automatisch wuchsen, kommen in virtuellen Teams oft nicht zustande (Albrecht und Albrecht-Goepfert 2012, S. 46).

---

[1]Eine Übersicht solcher „Collaboration Tools" gibt: http://t3n.de/news/collaboration-tools-produktivitaet-580320/ (letzter Zugriff am 26.10.2015).

Dieser Befund deckt sich auch mit einer US-amerikanischen Untersuchung von 2010 (rw-3 2010, S. 3), die als größte Herausforderungen für virtuelle Teams ausweist:

The greatest personal challenges respondents faced were inability to read non verbal cues (94 %), absence of collegiality (85 %), difficulty establishing rapport and trust (81 %), difficulty seeing the whole picture (77 %), reliance on email and telephone (68 %), and a sense of isolation (66 %).

Die Lösung für diese Probleme sieht die Rat gebende Literatur in einer optimierten Personalauswahl und einer Führung, die neben klaren Zielen und Rahmenbedingungen, vor allem „Vertrauen aufbauen" müsse (z. B. App 2013, S. 33 f.; Herrmann et al. 2012, S. 117). Wie das genau geschehen soll, bleibt allerdings vage und als Appell an die Führung formuliert: „Planen Sie ausreichend Zeit für die Beziehungspflege mit jedem einzelnen Teammitglied und regelmäßige One-to-One-Gespräche ein" (App 2013, S. 34).

Gleichzeitig wird für gelingende virtuelle Teamarbeit aber auch ein Höchstmaß an Selbstorganisation und Steuerung gefordert (z. B. Herrmann et al. 2012, S. 33) – verkehrte Welt: Man entzieht den virtuellen Teams den natürlichen Beziehungshumus, delegiert aber gleichzeitig die Lösungsfindung für dieses Problem an sie. Es ist nicht verwunderlich, dass auch diese Variante des Minimax-Prinzips nicht funktioniert.

Das Dilemma wird verständlich, wenn man Geramanis in seiner allgemeinen Einschätzung zu Teamarbeit folgt, dass der „Gruppe (…) ein Höchstmaß an Verantwortung abverlangt [wird], ohne dass das Koordinationsproblem innerhalb der Gruppe thematisiert wird" (Geramanis 2002, S. 232).

Doch genau diesen – nach Albert/Albert-Goepfert bei virtuellen Teams oftmals verhinderten – gruppendynamischen Prozess braucht es, um produktiv zu werden. Geramanis (2002, S. 231) hierzu:

In einer Gruppe als Gruppe zu arbeiten bedeutet, mit Leistungsunterschieden umgehen zu lernen, Konflikte zu erkennen und als Gruppe bearbeiten zu können. Dies benötigt den Vertrauensnährboden einer langfristigen Perspektive und einen sozialen Spielraum, jenseits einer ausschließlich ökonomischen Verwertungslogik.

Wenn aber, wie oben dargestellt, genau die „ökonomische Verwertungslogik" das zentrale Argument für virtuelle Teams ist, werden das fehlende Vertrauen und die fehlenden Voraussetzungen zum Vertrauensaufbau zu den Sollbruchstellen virtueller Teams, die sich auf den ersten Blick so ideal in die Netzwerkgesellschaft einzupassen scheinen.

Doch ein gänzlich anderes Bild scheint sich zu eröffnen, wenn man die Arbeitswelt verlässt.

2.4 Gaming als Benchmark gelingender Online-Kooperation

In jeder Sekunde kooperieren weltweit Millionen von Menschen, um online „World of Warcraft", „League of Legends", „Dota" oder Counter Strike zu spielen. Sie bilden für diese Spiele neue Online-Gesellungsformen, die je nach Spieltypus Clan, Team, Squad oder Gilde genannt werden und Abstimmung zwischen den Spielenden erfordern, um ein gemeinsames Spielziel zu erreichen. Im Gegensatz zur Welt der Arbeit sind die Nutzerinnen und Nutzer oftmals sogar bereit Geld zu bezahlen, um in dieser Teamarbeit mitwirken zu können – allein das über die Jahre mit zahlreichen Erweiterungen aktuell gehaltene „World of Warcraft" hat weltweit über 10 Millionen Abonnenten (Blizzard 2014).

Laut den Statistiken der Internet-Vertriebsplattform Steam spielen weltweit zu jeder Tages- und Nachtzeit von 200.000 bis über 600.000 Personen gleichzeitig online die aktuelle Version von Counter Strike mit dem Namen „Global Offensive"[2] – ohne erkennbaren Zwang, in freiwilliger Kooperation, intrinsisch motiviert und nicht einem aktuellen Hype folgend, sondern als feststehende Größe in der Computerspielwelt seit weit über zehn Jahren, wenn man die Vorgängerversionen mit berücksichtigt.

Online-Computerspiele können aus dieser Sicht als Benchmark für gelungene Kooperation gesehen werden. Im Folgenden soll für das als klassisch geltende Team-Spiel Counter Strike dargestellt werden, welches die Grundlagen und Bedingungen dieser erfolgreichen Online-Kooperation sind.

---

[2]Die Live-Statistiken unter http://steamcharts.com beziehen sich auf die Nutzung im Steam-Netzwerk (Zugriff 20.08.2015).

Counter Strike als Spielsystem 3

Counter Strike ist 1999 als so genannte „mod" des PC-Games „Half Life" gestartet. Das heißt, es war eine von zwei Spielern selbst durchgeführte Modifikation der Spielsoftware, die es nun ermöglichte, anstatt gegen computergenerierte Gegner gegen andere Mitspieler anzutreten. Obwohl Counter Strike in seiner neusten Version wieder unter der Kontrolle des „Half-Life"-Produzenten Valve steht, ist der Aspekt der Veränderbarkeit des Spiels noch heute spürbar, da gute Spieler im Rahmen der Möglichkeiten Einfluss auf die Software- und Hardware-seitige Abstimmung und Ausrüstung nehmen.

Populär wurde Counter Strike weltweit um die Jahrtausendwende in der damaligen „LAN-Party"-Szene. Die für ein Wochenende zu einem kleinen Computernetzwerk (LAN = Local Area Network) zusammengeschalteten PCs waren die Voraussetzung, um gegen- und miteinander spielen zu können. Heute ist dies dank der wesentlich verbesserten Datenübertragung im Internet nicht mehr nötig.

Wegen seiner puristischen Spielanlage und dem klaren Wettkampfcharakter wurde Counter Strike auch eines der beliebtesten Online-Spiele und ist Standard bei den großen E-Sports-Turnieren. Eine umfassende und präzise Definition des Begriffs E-Sport liefert Müller-Lietzkow (2006, S. 30):

> Der Begriff E-Sport (englisch kurz für electronic sport) bezeichnet das wettbewerbsmäßige Spielen von Computer- und Videospielen im Einzel- oder Mehrspielermodus. E-Sport versteht sich entsprechend des klassischen Sportbegriffs und erfordert sowohl Spielkönnen (Hand-Augen-Koordination, Reaktionsschnelligkeit), als auch strategisches und taktisches Verständnis (Spielübersicht, Spielverständnis).

Ein soziodemographisches Kennzeichen der Counter-Strike-Szene ist, dass sie im Gegensatz zu Fantasy-Rollenspielen wie World of Warcraft fast ausschließlich aus jungen Männern besteht. Quantitative Untersuchungen (z. B. Jansz und Tanis

© Springer Fachmedien Wiesbaden GmbH 2017
B. Mackrodt, *Team Play*, essentials,
DOI 10.1007/978-3-658-16340-2_3

2007; Reer und Kramer 2014), aber auch die für diese Arbeit interviewten Experten bestätigen das Klischee: „[T]he players of online FPS [kurz für „First Person Shooters", Anmerkung Verfasser] were indeed almost exclusively young men (mean age about 18 years) who spent a lot of their leisure time on gaming (about 2,6 h per day)" (Jansz und Tanis 2007).

3.1   Vom Einzelspieler zum Team

Der Einstieg in die Szene läuft oftmals als Einzelspieler/in auf öffentlich zugänglichen Servern, auf denen die Mitspielenden zugelost werden. Allerdings kann hier noch nicht von einem wirklichen Mannschaftsspiel gesprochen werden, da koordinierte Team-Leistungen in diesem Set-up nicht möglich sind. „Es ist schneller Zeitvertreib und Kirmesballern" (Interview Timur). Zudem ist hier der frei gewählte Name des oder der Spielenden („nick name") in aller Regel noch kein „Markenzeichen", sondern dient vor allem der Anonymisierung, sodass der Austausch und die Abstimmung nur oberflächlich bleiben kann.

Deswegen organisieren sich viele Spielende in Gemeinschaften, den so genannten „Clans". Die Professionalität dieser Clans reicht von „Fun-Clans", bei denen der Spaß am Spiel im Vordergrund steht, bis hin zu mit Sponsorenverträgen ausgestatteten Profi-Clans („Pro-Gamer"), die auf E-Sport-Turnieren um hohe Preisgelder kämpfen[1].

Die Masse der Spieler übt und spielt im Internet, organisiert sich dort über eigene Ligen und Foren und trägt die meisten Partien online aus – wie auch die Trainings und das gesamte kulturelle Beiwerk wie Video-Erklärstücke, Clan- und Fan-Seiten, Blogs etc. im Internet stattfinden beziehungsweise dort verbreitet und konsumiert werden (s. Abb. 3.1).

Die neuste Entwicklung ist, dass das Netz nicht nur zum Spielen, sondern auch zum Live-Broadcast der Spiele genutzt wird. Auf Plattformen wie der Amazon-Tochterfirma Twitch.com schauen Tausende Interessierte Hunderten von Gamern beim Spielen zu und interagieren mit ihnen in Chats.

Dabei entwickelt sich ein eigener kultureller Kosmos, der in Abläufen, Wirkzusammenhängen und Sprache für Menschen über 30 schwer zu verstehen ist und damit genau jene Distinktionsmöglichkeiten bietet, die eine Jugendszene ausmachen. Gleichzeitig ist er ein weit fortgeschrittenes Beispiel für eine bis auf die

---

[1]Bei den Finals 2015 der Electronic Sports League (ESL) in Köln wurden 250.000 US-Dollar als Preisgeld ausgesetzt.

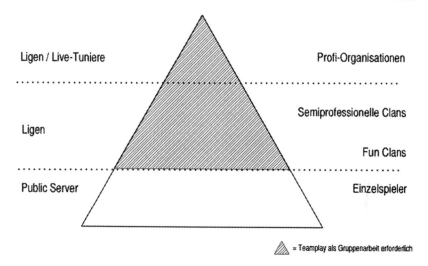

Ligen / Live-Tuniere

Profi-Organisationen

Semiprofessionelle Clans

Ligen

Fun Clans

Public Server

Einzelspieler

= Teamplay als Gruppenarbeit erforderlich

Abb. 3.1 Schematische Darstellung der Organisationsformen der Counter-Strike-Szene. (Eigene Darstellung)

Events vollständig im Internet stattfindende Ökonomie, die ihrerseits Avantgarde für den Handel mit virtuellen Gütern ist[2].

Das heißt aber nicht, dass sich die Counter-Strike-Spielenden noch nie in persona begegnet wären. Vielmehr ist die LAN-Party durchaus noch ein Bestandteil der Szene, aber in der Bedeutung gewandelt. War sie früher Bedingung, ist sie heute freiwillige Kür.

Es gibt neben „Spaß haben" unterschiedliche Gründe für die Spieler an einer „LAN" teilzunehmen:

- sich im Wettbewerb mit anderen im Turnier zu messen (häufig auch um ein Preisgeld, das sich aus den gemeinsamen Startgeldern speist)
- Software über das installierte Netz von anderen Rechner (raub) zu kopieren

---

[2]An der ökonomischen Perfektionierung der Internet-Vertriebsplattform Steam des Spielproduzenten Valve war der Spieltheoretiker Yanis Varoufakis als Hausökonom und Analyst beteiligt, der über die Fragestellungen virtueller Ökonomie und des angeblich hierarchiefreien Management der Firma Valve auf dem Blog des Unternehmens berichtete: http://blogs.valvesoftware.com/economics/ (letzter Zugriff: 26.10.2015).

- sich mit Gleichgesinnten treffen
- Face-to-Face-Kontakt mit Spielern, mit denen sonst nur online über das Internet gespielt wird.

Als eine ins Event gesteigerte Variante der LAN-Party haben die von der Industrie bezahlten Ligen-„Finals" besondere symbolische Bedeutung, denn sie bieten der Szene Selbstvergewisserung in der Inszenierung einer Lifestyle-Sportveranstaltung[3].

3.2   Das Spielprinzip[4]

Wer auf Twitch.com eines der vielen Counter-Strike-Spiele mitverfolgt, kann aus einer subjektiven Perspektive eines Spielenden sehen, wie zwei Teams aufeinander treffen: die „Terrorists" und die „Counter Terrorists" (d. h. eine Anti-Terror-Einheit wie z. B. die deutsche GSG9). Rundenweise versuchen sie auf eng begrenzten Schauplätzen, einen vorgegebenen Auftrag (wie das Platzieren einer Bombe) gegen den Widerstand des anderen Teams auszuführen.

Ein Match besteht aus einer vorher festgelegten Anzahl von Runden, die jeweils enden, sobald ein Team seinen Auftrag erfüllt hat oder die wenige Minuten andauernde Rundenzeit abläuft.

Den Teams steht eine Auswahl realistisch gestalteter Waffen (Messer, Pistolen, Gewehre, Granaten) zur Verfügung, die sie zu Rundenbeginn kaufen können. Dazu erhalten sie zu jeder Runde Geld, aber auch für Erfolge wie Abschüsse oder entschärfte Bomben. Teammitglieder, die den Bildschirmtod sterben, verlieren ihre Ausrüstung und können erst wieder in das Spiel einsteigen, wenn eine neue

---

[3]Die Endrunde der ESL Finals 2015 in Köln verfolgten laut sportschau.de 22.000 Zuschauer in der Lanxess-Arena. Das Finale wurde zudem weltweit in 2000 Kinos übertragen und im Internet übertragen, so dass bereits das Halbfinale weit mehr als eine Millionen Zuschauer hatte (Woytewicz o. J.).

[4]Es gibt von Counter Strike verschiedene Versionen, die sich nicht in ihrem Spielprinzip, aber sehr wohl im Detail (Ausstattung, Maps, Simulation der Spielphysik) und auch hinsichtlich der ökonomischen Verwertung unterscheiden. Die im Netz hauptsächlich gespielte Fassung ist die chronologisch jüngste „Counter Strike: Global Offensive".

Spielrunde beginnt[5]. Es gewinnt das Team, das von den meist 15 oder 30 Runden die Mehrzahl für sich entscheidet.

Damit ist die Spielanordnung von Counter Strike eine anthropologische Ursituation: Zwei gegnerische Gruppen suchen mit Waffengewalt die Vorherrschaft in einem abgesteckten Territorium. Jeder Kämpfer sieht die Kampfhandlung nur aus der eigenen Perspektive, ist ein echter „Ego-Shooter", bleibt aber für den Erfolg auf die anderen angewiesen. Die Erfolgsformel ist eine genaue Kenntnis des Spielfeldes, der verfügbaren Waffen und eine intuitive Einfühlung in die dynamischen Interaktionen, die sich zwischen und in den Teams ergeben.

Die entscheidende Stellgröße ist ab einem bestimmten Niveau nicht mehr die individuelle Fertigkeit, sondern das Zusammenspiel im Team, das so genannte „Team Play" (vgl. Reeves et al. 2009). In Bezug auf die urzeitliche männliche Jagdhorde formuliert Schwarz, dass die Gruppe als solche die stärkste Waffe des Menschen war, da nur sie in der Lage war, stärkere Gegner in die Enge zu treiben und in die Falle zu locken (Schwarz 2007, S. 30). Das gilt auch für Counter Strike.

3.3 „Hyperrealität" oder das Problem des Realen

Das Besondere am Computerspiel ist jedoch, dass alle Aktionen und Reaktionen medial vermittelt, alle Sichten errechnet sind. In einer Art doppelten Simulation wird der atavistische Grundkonflikt um Land in einer virtuellen, computergenerierten Spielarena zur Schau gestellt und gleichzeitig im Bewusstsein der Spieler zu deren mentalen Interaktionsraum. Das führt dazu, dass die Spieler ein und dasselbe Spielgeschehen gleichzeitig als „irreal" im Sinne von „immateriell" wie auch als „real" und wirkmächtig im eigenen Erleben empfinden (vgl. Bareither 2012, S. 23).

Im Rückgriff auf Baudrillards Simulationstheorie sieht Frosting-Henningsson das Computerspiel (in ihrer Studie explizit Counter Strike und World of Warcraft) als „a hallucination of the real", als eine Hyperrealität, die es erlaube, virtuell Verhaltensweisen auszuagieren, die im Alltagsleben nicht möglich sind (Frostling-Henningsson 2009), aber gleichzeitig eben doch „echte" Erlebnissimulatio-

---

[5]In der Zwischenzeit können die Ausgeschiedenen das Spiel aus einem der von Spielserver-Seite aus eingestellten Zuschauerperspektiven, so genannten „Spectator-Modes", beobachten. Diese Möglichkeit ist wichtig, um auch nach dem Ausscheiden aus dem aktiven Spiel durch Anschauung lernen zu können.

nen biete: „This hallucination of the real denotes that for gamers, the virtual is another ‚real' world." (Frostling-Henningsson 2009, S. 5).

Um der damit implizierten Doppelbödigkeit zu entgehen, schlägt Bareither (2012, S. 24) vor, anstatt von einem Gegensatz von „virtuell" und „real" schlicht zwischen „online" und „offline" zu differenzieren.

Allerdings verwischt diese Konzeption auch wieder den Möglichkeitsraum, den das Spielen eröffnet und der sich nur durch die Differenz „Spiel/Nicht-Spiel" ergibt, und nicht aus der Differenzierung zwischen einer Online- und Offline-Realität.

Fritz (2005) hingegen schlägt in radikal-konstruktivistischer Schule die Konzeption einer Lebenswelt vor, in der verschiedene Areale wie die „virtuelle Welt" und die „reale Welt" parallel existieren und ihre je eigenen mentalen Schemata durch das Erlernen von im jeweiligen Areal gültigen Handlungswirkungen ausbilden.

„Mit Hilfe der Ausbildung und Anwendung von Schemata entsteht die Kompetenz, bestimmte Absichten und Ziele mit hinlänglicher Verlässlichkeit und Regelmäßigkeit zu erreichen" (Fritz 2005) und auch zwischen den verschiedenen Bereichen zu differenzieren: Was im einen Areal der Lebenswelt eine gewünschte Wirkung erzielt, muss im anderen keineswegs so wirken.

Dass den Spielenden die unterschiedliche Modalitäten einer so gedachten Lebenswelt zumindest halb bewusst sind, lässt sich an der Fachbegrifflichkeit des Spiels ablesen: Das permanente „Sterben" und „Auferstehen" (zum Rundenbeginn) wird dabei durch eine eigene Terminologie als virtuelles Geschehen gekennzeichnet: töten heißt neben „kill" vor allem „fraggen" (von englisch to frag: in „Einzelteile zerlegen"), die „Auferstehung" in der nächsten Runde wird als „Re-Spawn" („Wieder-Laichen") bezeichnet. Die technoide, asexuelle und amorphe Semantik verweist klar auf einen künstlichen Handlungsort.

3.4   Motivation zum Spiel

Um zu verstehen, was täglich Hunderttausende dazu bringt, einen Großteil ihrer Freizeit mit dem Ringen um ein Stück simulierter Landschaft zu verbringen, unterstellen wir mit Coleman (1991, S. 22), dass es rationale Gründe für dieses Verhalten gibt, solange wir nicht von einem normativen Standpunkt aus urteilen, sondern aus der „Sichtweise des Akteurs (…), von der aus die Handlung rational ist [Hervorhebung im Original]."

Warum also nehmen die Spieler Opportunitätskosten und eine Reibung an der gesellschaftlichen Normvorstellung in Kauf, um am Spiel teilzunehmen?

3.4.1 Psychologische Motivation

Spiele zeichnen sich vor allem dadurch aus, dass in ihnen ein anderes Erlebnis als in der Alltagswirklichkeit geboten wird. Sie sind unter anderem deswegen so reizvoll, weil sie eine soziale Realität innerhalb des Spiel-„Zauberkreises" (Huizinga 2006, S. 8 ff.) konstituieren, in der andere Regeln gelten, die nur von den Eingeweihten verstanden werden und die eine wirksame Grenzziehung zu einem anderen „draußen" ermöglichen.

„Reality is broken" heißt denn auch eines der Schlüsselwerke der Game Studies, in dem die Vorteile der Spiele gegenüber der Realität bezeichnet werden (McGonigal 2011):

* klares und unverzügliches Feedback
* ein besseres Gefühl der Selbstwirksamkeit durch direkt interagierende Umwelten im Spiel
* und eine positive „Flow"-Erfahrung, die durch das Spielen am optimalen Rand der eigenen Möglichkeiten erzeugt wird (nie ist es frustrierend schwer, noch wird es langweilig, weil zu einfach).

McGonigal (2011: pos 612) konstatiert, dass

> all of the neurological and physiological systems that underlie happiness – our attention systems, our reward center, our motivational systems, our emotion and memory centers – are fully activated by gameplay. This extreme emotional activation is the primary reason why today's most successful computer and video games are so addictive and mood-boosting.

Auch Csikszentmihalyi (2010, S. 104) führt explizit Spiele als Flow-Aktivität auf, weil sie Teilnehmern und Zuschauern aufgrund „ihrer Konstruktion helfen (…), ein geordnetes Bewusstsein zu erreichen". Im Fall von Counter Strike ist darüber hinaus anzumerken, dass ein Flow-Erlebnis nicht nur durch das Spielen selbst, sondern auch durch die intensive Beschäftigung mit den Möglichkeiten zur Optimierung der Spieleinstellungen (Hardware- und Software-seitiges „Basteln") erfolgen kann.

3.4.2 Soziale Motivation

Neben der hohen Selbstwirksamkeit im Spiel („fraggen" und „gefragt werden" als klarstes Feedback und höchste Form der Wirksamkeit ist bei Counter

Strike der Dauerzustand), belegt die Literatur vielfach, dass der soziale Kontakt des Clan-Lebens eine entscheidende Motivation für das Spiel ist. Nach Lehmann et al. (2009, S. 244 f.) verdeutlichen „die vorliegenden Ergebnisse der verschiedenen Studien (…), dass die Beschäftigung mit FPS offenbar auf folgende Motive zurückgeführt werden kann: Unterhaltung, Entspannung, Eskapismus, Macht & Kontrolle, Herausforderung & Wettbewerb sowie soziale Kontakte & Gemeinschaftserlebnis", wobei die Autoren die Kategorien „Herausforderung & Wettbewerb" und „Kontakte & Gemeinschaftserlebnis" im Gegensatz zu anderen Computerspielen nur dem Counter-Strike-Genre First Person Shooter (FPS) zuschreiben.

Entgegen einem verbreiteten Vorurteil vernichten Online-Spiele auch nicht Freundschaften im Offline-Leben, wie auch Domahidi, Festl und Quandt mit einer groß angelegten Studie in Deutschland mit 2.500 randomisierten Telefoninterviews festgestellt haben:

> our results indicated a higher level of general embeddedness in younger and male social online gamers, a population that has been thought to be particularly vulnerable to the negative aspects of gaming (…) Our respondents were well embedded, regardless of their gaming frequency or the gaming form. Gaming therefore does not seem to substitute for real-life contacts and does not lead to social isolation (Domahidi et al. 2014, S. 113).

Im Gegenteil bietet der Online-Modus die Chance auf neue soziale Kontakte. In ihrer Studie stellen Kowert und Oldmeadow (2014) fest, dass für Personen, die nach frühkindlichen Prägungen bindungsscheu[6] sind („high in the attachment avoidance"), Online Games als soziale Orte sogar neu möglich gewordene Chancen für sozialen Austausch bieten.

3.4.3   Teilhabe an Sinn

Neben dem individuellen Mehrwert – Flow, Unterhaltung, Selbstwirksamkeit – und direktem sozialen Kontakt bietet Counter Strike der Community auch eine Anbindung an eine größere Sinnstiftung und eine gesellschaftliche Verortung.

---

[6]Die Autoren beziehen sich auf die Bindungstheorie des Psychoanalytikers John Bowlby.

Durch die Wettkampftauglichkeit des Spiels und die professionelle Inszenierung als Sport mit Ligen, Sponsoren, Preisgeldern und Stars[7] hat Counter Strike eine hohe strukturelle Ähnlichkeit mit dem pyramidalen Aufbau von Breiten- und Leistungssport.

Als Sport bietet es den Teilnehmern zugleich Zugang zu einer gesellschaftlichen Sinnquelle und eine kollektive Identifikation (vgl. Elias und Dunning 2003, S. 393). Der Psychologe Martin Seligman konstatiert: „The larger the entity you can attach yourself to, the more meaning you can derive (...) The self (...) is a very poor site for meaning" (Seligman 2006, S. 287). In dieser Logik erscheint die Etikettierung des Spiels als Sport nicht nur für die ökonomische Verwertung durch Plattforminhaber, Medien, Sport- und Computerindustrie plausibel, sondern es erscheint auch als individuelle und kollektive Sinnquelle.

Inwieweit sich die spezielle Spielkonfiguration von Counter Strike darüber hinaus eignet, eine spezifische Form „männlicher Gruppenaggression" (Van Vugt et al. 2007) zu sublimieren und in einem Simulationsrahmen auszuagieren, kann hier nicht entschieden werden. Dies würde aber eine Erklärung für den weit überdurchschnittlichen Anteil an männlichen Spielenden liefern und könnte Ansatzpunkt weiterer Forschung sein, die Counter Strike auch in den Kontext des von den Gender Studies vorgeschlagenen „hegemonialen Männlichkeitsmodells" stellt (vgl. Connell 1999).

3.4.4 Alternative Normen

Unstrittig scheint aber, dass neben der (sportlichen) Sinnstiftung das Spielen von Counter Strike auch eine Verortung innerhalb der Gesellschaft ermöglicht. Hitzler und Niederbacher zählen die wettkampforientierten Computer-Spieler zu einer der großen Jugendszenen, die „aufgrund je typischer Zeichen, Symbole, Rituale, Verhaltensweisen usw., die soziale Verortung, die sozusagen kategorische Zu- und Einordnung von durch sie assoziierten Individuen [ermöglichen]" (Hitzler und Niederbacher 2010, S. 18).

Der Vorteil einer solchen Verortung und Zugehörigkeit liegt für in einem generellen Umbruch begriffene Jugendliche auf der Hand. Die Zugehörigkeit zu einer Szene erlaubt das Spielen und Einüben anderer und neuer Normen außerhalb der

---

[7]Trivia: McDonald's Schweden nahm 2013 zu Ehren des Counter-Strike-Teams „Ninjas in Pyjamas" (NiP) den McNiP ins Programm.

elterlichen Normvorstellungen bei gleichzeitiger Anwesenheit eines alternativen Bezugsrahmens, ist mithin Hilfe bei der persönlichen Entwicklung.

3.4.5   Modell für die Motivation

Eine ähnliche Konzeption für die Motivation zur Nutzung von Computerspielen schlagen Wolling, Quandt und Wimmer (Wolling et al. 2008) vor. Die Autoren differenzieren auch zwischen individueller Mikro-, sozialer Meso- und einer gesellschaftlichen Makroebene der Einflussfaktoren (s. Abb. 3.2).

Allerdings denkt dieses Modell die Computerspielnutzung als abhängige Variable. Doch da Counter Strike auch explizit neue soziale Strukturen und Wirklichkeiten schafft, kann der soziale Kontext aus unserer Sicht nicht als unabhängige Variable konzipiert werden, weil er dynamisch mitverändert wird.

Sinnvoller wäre es, dieses Modell im Sinne eines Systems weiterzuentwickeln und Rückkopplungen zwischen den Elementen zu unterstellen. Das heißt, die

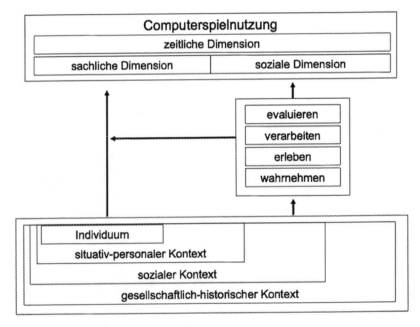

Abb. 3.2   Einflussfaktoren auf Computerspielnutzung aus Wolling et al. (2008, S. 18)

durch das Spiel mögliche neue soziale Realität eines Counter-Strike-Clans wirkt auf den sozialen Kontext zurück und verändert ihn.

Ein Gefühl für die Rückwirkung des Spiels auf den sozialen Zusammenhang bekommt man, wenn man Baumgaertels Reportage über die damalige LAN-Szene liest. Baumgaertel (2002) stellt fest, dass Counter Strike ganz neue Möglichkeiten aufzeige, „wie man den Computer benutzen kann: zur Kooperation und Kommunikation in dreidimensionalen, digitalen Räumen." Counter Strike sei „die Wirklichkeit gewordene Virtuelle Realität, von der Anfang der neunziger Jahre in kalifornischen Start-up-Firmen geträumt wurde" (Baumgaertel 2002).

Was Baumgaertel knapp und der journalistischen Form geschuldet plakativ behauptet, gibt einen wichtigen ersten Hinweis darauf, was im System Counter Strike gelingt.

Dies soll im Folgenden – ausgehend von einer technischen Bestandsaufnahme – dargestellt werden.

Counter Strike als gelingende Zusammenarbeit

4

Von grundlegender Bedeutung ist, dass Counter Strike auf Basis des Internets als *technisches System* eine Infrastruktur bietet, die in der Lage ist, das Problem der asynchronen Kommunikation wie überhaupt einer Asynchronizität zwischen den Arealen der Lebenswelt nach Fritz zu minimieren. Die Spieler sind mit Rechnern und Peripheriegeräte an das Netz und die Serverstruktur angeschlossen und verschmelzen in einer Illusion eines technischen *Hier und Jetzt,* das gleichzeitig auch immer ein *Woanders* ist.

Beispielsweise weisen Counter-Strike-Spielende immer wieder auf die Bedeutung von virtuellen Spielgeräuschen im Spiel und der realen Kommunikation untereinander hin. Um die verzögerungsfreie und präzise Darstellung und Verständigung zu erhalten, gilt die Gamer-Szene auch als der High-end-Abnehmer von Prozessoren, Grafikkarten, Headsets, Präzisionsmäusen etc., die die Leistungsgrenzen für die gesamte PC-Industrie definieren: Ein Bildschirm zeigt das Spielgeschehen, ein anderer den nebenbei laufenden Chat, der Kopfhörer mit Mikrophon überträgt das Spielgeräusch und den „Team Speak", die Maus dient als Zielzeiger, Bewegungen und Kurzkommandos werden in die Tastatur getippt: „In der jagenden Männergruppe musste es (…) eine ausgezeichnete Kommunikation gegeben haben" schreibt Schwarz (2007, S. 57) – in der virtuellen Counter-Strike-Jagdbande wird dafür kein technischer Aufwand gescheut.

Auffällig ist, dass der jeweilige Kommunikationsmodus als fließend begriffen wird und die Gamer virtuos und nahtlos die verschiedenen Kanäle nutzen. Sie sind durch ein „modality switching" (Ramirez und Zhang 2007) verbunden, dass ein Durchschalten der Interaktion von einen Kommunikationskanal (Text-Chat, Audio, Video, alternative Messaging Systeme) auf den nächsten erlaubt. Diese völlige Verwobenheit der Kanäle lässt sich heute bereits bei jedem Jugendlichen mit Smartphone beobachten, bei den hoch technikaffinen Gamern ist es auf die

© Springer Fachmedien Wiesbaden GmbH 2017
B. Mackrodt, *Team Play,* essentials,
DOI 10.1007/978-3-658-16340-2_4

Spitze getrieben. On- und offline gibt es nur noch als Schwerpunkte der Aktivität, als Prinzip gilt: „always on" (Interview Nikita).

Doch allein die Teilnahme am Spiel und eine maximale technische Zurüstung reicht nicht, um von einer gelingenden Zusammenarbeit sprechen zu können. Nötig dafür sind Menschen, die mit hoher intrinsischer Motivation (siehe Kap. 3) eine neue soziale Gesellungsform aufbauen: das Online-Kampf-Team („squad"), Teil oder deckungsgleich mit einem Counter-Strike-Clan.

Denn im Gegensatz zum anonymen Spiel auf „Public Servern", bei dem sich kein „Team Play" entwickelt, haben Squads/Clans gemeinsame Routinen wie das Training, um stetige Kommunikation und damit auch eine Differenzierung innerhalb der Gruppe zu ermöglichen.

4.1   Kommunikation und Differenzierung

Counter-Strike-Clans sind Orte intensiver Kommunikation. Dabei reicht die Bandbreite von der sehr fokussierten Kommunikation während des Spiels, über Trainings- und Abstimmungsszenarien, Kompetenz- und Entscheidungsgerangel bis hin zur privaten Kommunikation, die keinen Bezug zum Spiel haben muss (Bareither 2012, S. 77), sowie dem Austausch mit den gegnerischen Parteien und anderen Anspruchsgruppen wie Ligen-Betreibern.

Durch die zeitgleiche Verschmelzung von virtueller Spielwelt mit realer Kommunikation, die Counter Strike auszeichnet, wird ein gruppendynamischer Raum (vgl. König und Schattenhofer 2011, S. 34–42) geschaffen, der es zulässt, auch ohne körperliche Anwesenheit, eine Differenzierung im Koordinatensystem von Macht, Intimität und Zugehörigkeit unter den Spielern zu ermöglichen. Durch das klare Gegenüber des gegnerischen Teams und der allgemeinen Ausrichtung auf das Gewinnen im Wettkampf erzeugt das System Counter Strike für die Teams auch explizit ein gruppendynamisches Gegenüber im Sinne Raoul Schindlers (vgl. König und Schattenhofer 2011, S. 51 ff.), das als externer Pol für das Gruppengeschehen wirksam wird.

Nach Aussagen der Interview-Partner werden die Rangrollen im Team vor allem über „Spielkompetenz" verhandelt. Allerdings wurde auf Nachfragen deutlich, dass damit nicht das individuelle Können (das ist ein Muss), sondern Leitungsqualitäten in Hinblick auf das Ziel des Spielgewinns gemeint sind.

Die alpha-Position im Sinne des Positionsmodells von Raoul Schindler ist wie in anderen Gruppen auch dynamisch und kann wechseln. Allerdings wird sie in Counter-Strike-Teams immer wieder formal festgelegt und an eine Person gebunden: den In-Game-Leader, der in der Kampfsituation Befehle geben kann und von dem dies auch erwartet wird.

Die anderen Team-Mitglieder finden ihre Rollen in Funktionen, die wie in anderen Mannschaftssportarten bestimmte Profile haben (Abwehr, Rechtsaußen etc.): Neben dem „In-Game-Leader" gibt es Spezialistenrollen wie „Sniper", „Riffler" oder „Lurker".

Die in Counter-Strike-Teams auftretenden Konflikte sind zumeist an das Spiel gebunden und beziehen sich in der Regel auf das Verhältnis von individuellem Lustgewinn durch riskantes Spiel („Ego Play") und gruppendienlichem Verhalten („Team Play").

Die Konflikte werden durch Flucht (freiwilliges Verlassen des Teams), Vernichtung (Entlassung aus dem Team), Unterordnung (Entscheidung durch Ranghöhere), Delegation (Entscheidung durch einen in professionellen Teams angestellten Coach) bearbeitet. Die nach Schwarz weiterentwickelten (und aufwendigeren) Grundmuster der Konfliktlösung Kompromiss und Konsens sind auch bei Teams zu beobachten, wenn starke Ego Player von der Gruppe eine taktische Rolle zugestanden bekommen, wo gerade in Eröffnungssituationen waghalsige, „selbstmörderische" Alleingänge mit einer hohen Abschussrate im gegnerischem Team korrelieren und zu einem taktischen Vorteil führen (zu den Grundmustern der Konfliktlösung generell Schwarz 2005, S. 277–314).

Die im Gegensatz zur Arbeitswelt größere Vorformatierung auf Spielzweck und Mannschaftsrollen führt zu einer Komplexitätsreduktion, die die Dynamik von Aushandlungsprozessen kanalisiert: Das Erfolgreiche ist das Richtige.

In dem Sinne ist ein spielstarkes Team eine ausdifferenzierte Gruppe, in dem die Machtverteilung geklärt wurde. Aber wie Reer und Kramer (2014, S. 188) feststellen, kommen auch der gemeinsamen Klärung von Intimität und Zugehörigkeit entscheidende Bedeutung für die Arbeitsfähigkeit des virtuellen Gaming-Teams zu:

> the positive impacts of social proximity, physical proximity, familiarity, communication frequency and self-disclosure on friendship formation have been well-known in psychology for a long period of time and in our study also proved to be of importance in the context of virtual environments like online-gaming communities.

Diese Kommunikationsmuster stärken jede Gruppenleistung, wie Pentland (Pentland 2012) für die klassische Teamarbeit nachweisen konnte, und sie erzeugen in gruppendynamischer Perspektive das Vertrauen, das nötig ist, um in virtueller Gruppenarbeit das so genannte „Team Play" zu erzeugen.

Die Spezialisten-Website cs.ingame.de (o. A. o. J.) nennt „Kommunikation" als wichtigste Kompetenz für ein gutes „Team Play" unter den Spielenden. So ist beispielsweise die Ansage der Positionen der Gegner entscheidend, da nicht alle Spieler den gleichen Blickwinkel und das gleiche Sichtfeld haben.

Zum Team Play gehört es auch, die strategische Vorgehensweise zu planen, und gegebenenfalls taktisch die Positionen zu halten oder zu wechseln. Die Wahl, welche Waffen, Granaten, Ausrüstung gekauft beziehungsweise unterfinanzierten Teammitgliedern überlassen („gedroppt") werden, ist ebenfalls eine Entscheidung, bei der nur teamdienliches Verhalten erfolgreich ist. Bei eingespielten Teams sind dies Routinen, im Zweifelsfall bestimmt der In-Game-Leader.

Zudem wird im Team Play auch die gemeinsame Spielerfahrung bedeutsam, insbesondere das gegnerische Team „lesen" zu können und die Kontrolle des Spielfeldes zu behaupten – ähnlich wie beim Schach gibt es Stellungsüberlegenheit und Tempovorteile.

Es wundert nicht, dass in diesem militärischen Kontext eine militärische Kommandostruktur herrscht (der In-Game-Leader als Squad-Führer) und Ratgeber von Clausewitz bis zum Handbuch „Training for Urban Operations (TC 90–1)" der US-Armee in der Szene verbreitet sind.

Schließlich weisen die Experten von cs.ingame.de auch daraufhin, dass ein „sportliches" Verhalten (keine Häme, keine Erniedrigungen der Gegner) gefordert ist, um die Umgangsnorm zu erfüllen und die eigene Konzentration aufrechtzuerhalten.

4.2   Kapitalisierung

Den Erwerb von Spielwissen und Spielkönnen nennt Bareither in seiner ethnologischen Studie eines Counter-Strike-Clans als grundlegend für das soziale Miteinander. Konzeptualisiert als eine besondere Form des kulturellen Kapitals im Sinne Bourdieus (2012) kann es auch in soziales Kapital umgesetzt werden (Reer und Kramer 2014). Eine Befragung von Counter-Strike-Spielenden (N = 751) zeigte ebenfalls, dass zumindest in einem Clan organisierte Online Gamer, neue soziale Netzwerke um das eigentliche Spiel herum entwickeln (Jansz und Tanis 2007).

Dabei wird das soziale Kapital aber nicht nur durch besondere Leistungen im Spiel erworben. Trepte et al. (2012) oder Reer und Kramer (2014) konnten zeigen, dass Spieler mehr soziales Kapital aufbauen können, wenn sie nicht nur auf Wettbewerb, sondern sich auch auf Aufbauleistungen im Clan konzentrieren. Solche Dienstleistungen für das Team sind beispielsweise das Management, die Außendarstellung und das Training.

Im Falle der professionellen E-Sport-Mannschaften wird es sogar möglich, die besonderen Fähigkeiten in Preis- und Sponsorengelder umzuwandeln (ökonomisches Kapital).

4.3 Hybrider Möglichkeitsraum zwischen Gemeinschaft und Gesellschaft

Mit zunehmender Professionalisierung steigt auch der Grad an formaler Aufgabenteilung und Differenzierung innerhalb der Clans, die als größere Organisation meist mehr als nur ein Spielteam („squad") umfassen. Innerhalb der Clan-Organisation sind typische Aufgaben:

- Außendarstellung (insbesondere Pflege der eigenen Website und der Social Media)
- Spielplanung (Management)
- Taktik/Training (des eigentlichen Spiels)
- Technik (insbesondere Internet-Server)
- Personal-Recruitment (Kontakt zu anderen Clans, Scouting auf Public Servern)

Dabei gilt: Je professioneller die Organisation, desto mehr Funktionen werden von eigens abgestelltem Personal besetzt.

4.3.1 Flexible Organisationen

Als Organisation betrachtet, bieten die Clans die hohe Flexibilität, die von einem Produkt der Netzwerkgesellschaft erwartet werden kann. Die Maskierung der eigenen Körper- und Persönlichkeit über die Spielavatare und Nicknames bietet auch die neuartige Chance, online schneller neue Beziehungen einzugehen. Cole und Griffith (2007, S. 583) können nach in ihrer internationalen Befragung von 912 Spielern von Massive Multiplayer Role Playing Games (MMORPGs) generell feststellen: „Virtual gaming may allow players to express themselves in ways they may not feel comfortable doing in real life because of their appearance, gender, sexuality, and/or age".

Überspitzt gesagt: Es kommt in den Games auf die Leistung an, nicht auf das Aussehen oder Traumata. Diese Meritokratie wird schon in der frühen Literatur zu virtuellen Teams in der Arbeitswelt als deren großes Potential diagnostiziert. Götzenbrucker (2004, S. 488):

Die Vorteile der „Virtualisierung" von Arbeitsprozessen liegen (...) auf der Hand: Es können sich teamübergreifend alternative Kooperationskulturen entwickeln, die auch zum Ausgleich erlebter Kommunikationsdefizite beitragen und Machtstrukturen umkehren. Macht und Einfluss im Cyber-Work-Space konstituieren sich nämlich nicht mehr maßgeblich aus realweltlichen Vorlagen z. B. etablierten Interaktionsregeln, sondern aufgrund alternativer Zuschreibungen bezüglich sozialer Positionen, Wissen und Vertrauenswürdigkeit von Akteuren. Somit sind Mitarbeiter im Cyber-Workspace-Space eines Unternehmens eher aufgrund ihres Wissens und sozialen Kapitals und weniger aufgrund ihrer formalen Funktion befähigt, sich in die inhaltliche Arbeit von Teams einzuklinken.

Wenn Wiemken (2003, S. 27) beschreibt, dass die Regeln eines Clans Trainingszeiten und Anwesenheitspflicht bei Spielen oftmals ebenso festlegen wie die einzelnen zu besetzenden Positionen und teilweise sogar die Hierarchie im Clan und fast alle Clans von ihren Mitgliedern verlangten, dass sie keinem zweiten Clan beitreten oder angehören, klingt das nach den konditionalisierten Mitgliedschaftsbedingungen, die Kühl (2011, S. 31) für die moderne Organisation beschreibt und nicht nach einer vor-modernen Stammesgesellschaft, die das Wort „clan" impliziert.

Bareither stellt für Counter Strike ebenfalls fest, dass Clans keine feststehenden Ensembles aus Spielern sind, sondern sich in einem permanenten Prozess des Wandels befänden. Ein Clan sei „weniger ein feststehendes Ensemble aus Akteuren als eine Art organisatorischer Knotenpunkt, der dazu dient, wettkampforientierte Spielfigurationen in verschiedenen Konstellationen zu bieten" (Bareither 2012, S. 61). Entsprechend sind Ein- und Austritt vergleichsweise problemlos[1].

4.3.2 Posttraditionale Gemeinschaften

Im Gegensatz dazu ist auffällig, dass die Selbstverortung und -etikettierung ihrer Gemeinschaften von den Online-Spielern häufig mit prämodernen Konzepten wie „Clan" oder „Gilde" geschieht, wie überhaupt eine mythische Spielewelt für Online-Spiele oftmals konstitutiv ist.

Wiemken (Wiemken 2003, S. 29) zitiert einen Counter-Strike-Gamer zur Bedeutung, die sein Clan für ihn habe:

---

[1]Selbstverständlich gibt es auch spezielle Marktplätze für die Jobvermittlung im Internet, z. B. http://csgoteamfinder.com.

Und ich sage bewusst Familie, da man dieses Wort wohl perfekt für das nehmen kann was damals bei uns abging! Viele Clans oder auch Sportmannschaften sagen das sie eine Familie seien, sich perfekt verstehen und Erfolg haben! (…) Ich will hier nicht den Clan meinen Eltern, Freunden oder Verwandten vorziehen, ich würde ihn viel mehr den Bekannten bzw. Leuten die man gern hat, zuordnen. Und ich denke, und davon wird mich niemand abbringen können, ihn als Familie bezeichnen zu dürfen! Er hat meine Familie, die ich vor allem vorziehe, nicht ersetzt, sondern er hat sie erweitert! [Grammatik, Interpunktion und Orthografie wie im Original]

In den Interviews, die der Verfasser für diese Arbeit geführt hat, wurde der Aspekt der Gemeinschaft („das Familiäre") ebenfalls betont, aber gleichzeitig mit Hinweis auf eine relativ hohe Fluktuation in den Clans relativiert.

Der Historiker Eric Hobsbawm argumentiert, dass in einer Gegenbewegung zur Globalisierung, die den gesamten Planeten zu einer immer abstrakteren Gesellschaft mache, die kollektive Identitätssuche wiederum zu einem fiktiven Wiederaufleben der Gemeinschaftswerte führt, in dem künstlich neue Gruppenbindungen und Identitäten geschaffen werden (Hobsbawm 2007, S. 93).

Dieser Befund deckt sich mit Bauman, der in Anschluss an Maffesoli, von *Neotribalismus* spricht und feststellt, dass „die Stämme der zeitgenössischen Welt durch die Menge der individuellen Akte der Selbstidentifikation gebildet [werden]" und eher Konzepte als soziale Körperschaften seien (Bauman 2005, S. 392).

Hitzler hat für dieses Suchen der postmodernen Individuen nach Sinn und Bindung den Terminus „posttraditionale Gemeinschaften" vorgeschlagen. Das wesentliche strukturelle Unterscheidungsmerkmal posttraditionaler gegenüber überkommenen beziehungsweise ‚eingelebten' Gemeinschaften, ist für Hitzler (Hitzler 1998, S. 85):

die jederzeit kündbare Mitgliedschaft in einer Teilzeit-Gesellungsform auf der Basis eines freien Entschlusses … denn posttraditionale Gemeinschaften basieren eben zunächst einmal auf dem Insgesamt voluntativer Akte freiwilliger Selbstbindung der – auf welche Art dann auch immer – vergemeinschafteten Mitglieder.

Anstatt tatsächlich in eine Gemeinschaft hineingeboren oder hineinsozialisiert zu werden oder durch Eid einer „Schicksalsgemeinschaft" beizutreten, wird freiwillig und auf Zeit ein „Repertoire an Relevanzen, Regeln und Routinen" (Hitzler 1998, S. 85) genutzt, die die „Szene als vororganisierter Erfahrungsraum" (Hitzler und Niederbacher 2010, S. 21) zur Verfügung stellt.

## 4.4	Zwischenfazit: Schule des Wettbewerbs

Die neue Online-Sozialform „Clan" der Counter-Strike-Spielenden oszilliert zwischen den Polen „Gemeinschaft" und „Gesellschaft", was sich auch sprachlich abbildet, wenn Profi-Gamer von ihren Clans zunehmend als „organizations" sprechen (Interview Timur).

Durch die permanente Fluktuation zwischen online und offline, Unterhaltung und Wettkampf, privater und zweckgebundener Kommunikation, „unverbrüchlichen" Werten und flexibler Mitgliedschaft, kulturellem, sozialen und ökonomischen Kapital, zwischen Clan und Organisation, eröffnet Counter Strike für die Spieler einen einzigartigen Erfahrungsraum, in dem nicht nur die einzelnen Qualitäten für sich erreicht werden, sondern alle, obwohl zum Teil gegensätzlich, gleichzeitig (s. Abb. 4.1).

Die Spielsituation und die organisatorische Rahmung kann auch als sozialer Spielraum jenseits einer ausschließlich ökonomischen Verwertungslogik gesehen werden, in dem Tugenden der Netzwerkgesellschaft eingeübt werden können.

Mit Blick auf die gesellschaftliche Metaebene lässt sich nicht nur eine hohe Passung dieser Organisationsform im Hinblick auf Flexibilität feststellen. Ebenso passend erscheint Counter Strike als Schule des Wettkampfes, für den das Spiel sowohl in der Oberflächenbetrachtung als auch in der Tiefenstruktur Sinnbild ist.

Abb. 4.1 Fließender Wechsel der Modi in einem einzigartigen sozialen „Spielraum". (Eigene Darstellung)

Dadurch, dass das Internet auch im Spielebereich nichts vergisst (Valve zeichnet jede gespielte Counter Strike-Partie auf), ist Counter Strike ein El Dorado der Statistik. Alle Spieler erhalten ihre Leistungswerte (zentrale Währung sind Abschüsse „Kills" und eigene Tode „Deaths") angezeigt. Der einfache Mechanismus diverser Tabellen wirkt motivierend und zugleich auch als Zeichen eines Wettbewerbsdispositivs, das sich durch das ganze Spiel und die Ligen zieht und hoch anschlussfähig an den flexiblen Kapitalismus als *Wettbewerbsgesellschaft* ist (vgl. Rosa 2006). In Counter Strike wird Wettbewerbsorientierung als Meta-Soft-Skill eingeübt, und mit dem dazugehörigen Hard Skills werden die Spielenden interessant für den Arbeitsmarkt:

Szene-Qualifikationen werden mehr und mehr zu Markt-Qualifikationen. Vor allem die Szeneveteranen und Mitglieder des ‚inner circle' verfügen über einen Typus von Wissen, das in der neueren bildungs- und berufssoziologischen Diskussion mit Begriffen wie Meta-Qualifikationen, Selbst-Ökonomisierung und Arbeitskraftunternehmer diskutiert wird. Netzwerkadministration und Eventmanagement, Teamfähigkeit und Regelbefolgung, Disziplin und Selbstkontrolle, wie sie für das Qualifikationsprofil von LAN-Freaks charakteristisch sind, haben schon fast den Rang von Schlüsselqualifikationen für die berufliche Karriere (Hepp und Vogelgesang 2009, S. 109,110).

Notwendige technische Möglichkeiten vorausgesetzt, gelingt es den Counter-Strike-Spielenden, Begrenzungen der Zusammenarbeit im Cyberspace zu überwinden beziehungsweise gerade in diesem neuen Raum eine neue Form einer wettbewerbsorientierten Kooperationskultur entstehen zu lassen, deren Gelingen schlagwortartig so zusammengefasst werden kann:

- Überwindung der asynchronen Kommunikation durch technisches Hier und Jetzt
- Etablierung einer Umgebung, die Selbstwirksamkeit, Feedback und Flow fördert
- Ausdifferenzierung innerhalb der Gruppe
- Bildung und Verwertung von kulturellem und sozialem Kapital
- Aufbau von flexiblen Organisationen
- selbstbestimmte Teilhabe an Werten einer Szene („posttraditionale Gemeinschaft")
- hohe Passung zur Wettbewerbsgesellschaft

Dass diese teilweise polaren und sogar widersprüchlichen Sachverhalte gelingen, ist vor allem mit den besonderen Möglichkeiten des Spiels zu erklären.

Bedingungen des Gelingens

5

Die hohe intrinsische Motivation, dem Spiel beizutreten und erhebliche Zeitkontingente in die Kommunikation und das Training zum Gelingen des Spiels zu investieren, wird individuell und sozial vor allem durch den Zugewinn an positiver Erfahrung, wie in dritten Kapitel beschrieben, sinnvoll. Doch ohne die besonderen Bedingungen des Spielens sind diese Motivationen kaum einzulösen.

Wie die gängige Spieldefinition von Huizinga (2006, S. 37) herausstellt, ist Spiel

> eine freiwillige Handlung oder Beschäftigung, die (…) nach freiwillig angenommenen, aber unbedingt bindenden Regeln verrichtet wird, ihr Ziel in sich selber hat und begleitet wird von einem Gefühl der Spannung und Freude und einem Bewusstsein des ‚Andersseins‘ als das ‚gewöhnliche Leben‘.

5.1 Heraustreten aus der Alltagsrealität

Es werden im Spiel Erlebnismöglichkeiten geschaffen, die es in der realen Welt nicht gibt oder wie Huizinga (2006, S. 16) formuliert: „Spiel ist nicht das gewöhnliche oder das eigentliche Leben. Es ist vielmehr das Heraustreten aus ihm in eine zeitweilige Sphäre von Aktivität mit einer eigenen Tendenz." Ohne diese spezifische Eigenschaft, sozusagen den „Zauber" des „Zauberkreises" (Huizinga 2006, S. 18), fehlt ein essentieller Anreiz.

Von daher ist dieses „Heraustreten" eine Bedingung für die virtuelle Teamarbeit in Counter Strike, da ohne sie eine wesentliche Motivation zum Spiel nicht ausgelebt werden könnte, und es nie auf freiwilliger Basis zu den hohen Investitionen in Zeit, Material und Opportunitätskosten kommen würde.

Die beiden Aspekte der Freiwilligkeit und des Heraustretens bringt Caillois (2014, S. 70) in seiner Definition zusammen: „Das Spiel wäre somit als eine freie

© Springer Fachmedien Wiesbaden GmbH 2017
B. Mackrodt, *Team Play,* essentials,
DOI 10.1007/978-3-658-16340-2_5

Handlung zu definieren, bei der der Mensch von jeglichen Bedenken hinsichtlich seines Tuns befreit ist."

Somit wäre zu prüfen, inwieweit die Hypothese *„Die zentrale Grundlage virtueller Gaming-Teams ist die Idee der Freiwilligkeit – fehlt diese, wird das Team nicht erfolgreich sein"* zutrifft.

5.2 Freiwilligkeit

Betrachtet man die Masse der Teams, ist man geneigt, dieser Hypothese zuzustimmen. Nur mit der Möglichkeit der freien Entscheidung über die eigene Zeit, die eigenen Investitionen und die eigenen Ein- und Austrittsbedingungen scheint das nötige Maß an intrinsischer Motivation zum Aufbau des nötigen kulturellen und sozialen Kapitals gegeben. Die Grundbedingung hierfür ist, dass man ein Spiel spielen will und keine ökonomische Tauschbeziehung eingeht, bei der die Freiwilligkeit des Tuns durch Bezahlung mindestens eingeschränkt, wenn nicht ganz abgekauft wird. Doch wie im Kapitel zur Struktur der Counter-Strike-Szene beschrieben wurde, lässt sich dieses Spiel in Arbeit überführen, die Pro-Clans zeigen es.

Ob bei diesen professionellen Organisationen noch von Freiwilligkeit der Teilnahme gesprochen werden kann, ist fraglich. So wie es überhaupt fraglich ist, ob es sich im professionalisierten Counter Strike überhaupt noch um ein „Spielen" handelt (zur Professionalisierung des Spielens grundsätzlich Caillois 1960, S. 12). Die Beschreibung „Leistungssport" (inklusive Doping und Manipulation) trifft es besser.

Dass diese Profis aber schlechter virtuell zusammenarbeiten würden, lässt sich nicht feststellen. Das Gegenteil richtig: Sie sind die Besten ihres Faches.

Denn genauso wie „Freiwilligkeit" keine Bedingung für einen erfolgreichen Wettkampf ist, ist sie dies auch nicht für die erfolgreiche Arbeit eines eingespielten Counter-Strike-Team, bei dem alle Stufen der individuellen Spieltechnik und die Klärung der Teamrollen durchlaufen wurden.

Aber Freiwilligkeit ist Bedingung für die nötigen Aufbauleistungen zur Bildung des kulturellen Kapitals (der Kunst zu Spielen) in der breiten Masse, ohne die es die Kommerzialisierung nicht geben könnte. Oder wie McGonigal formuliert: „[T]he freedom to enter a game at will ensures that intentionally stressful and challenging work is experienced as *safe* and *pleasurable* activity [Hervorhebungen im Original]" (McGonigal 2011, pos 464).

Daher muss die Hypothese relativiert werden: Freiwilligkeit ist solange eine zentrale Bedingung für virtuelle Counter-Strike-Teams bis kulturelles und soziales Kapital voll kommerziell verwertbar wird.

Wenn dies allerdings geschieht, ist es möglich, Kompetenzen und Routinen, die vor allem intrinsisch motiviert waren, extrinsisch durch Geld, Ruhm und Status zu motivieren. Wenn diese Metamorphose des Spiels zum Produkt erfolgt ist und alles in einem Marktgeschehen berechnet werden kann, wird auch die Teamarbeit, die im Rahmen und der Grenzen der Counter-Strike-Welt notwendig ist, zu einem bezahlbaren Gut und handelbar wie im Profi-Fußball.

Es gelingt im Fall von Counter Strike in Analogie zum Sport für eine kleine Spitzengruppe, ein Spiel in Arbeit zu verwandeln. Dabei wird in den Profi-Organisationen tendenziell die *Freiwilligkeit* zu aktiver intrinsischer Tätigkeit ersetzt durch *Zustimmung* zu extrinsisch gesetzten Zielen und messbare Leistung monetär vergütet.

Das bedeutet aber nicht, dass sich umgekehrt jede Arbeit in ein Spiel verwandeln ließe. Denn nur dem Spiel gelingt es per se, intrinsische Motivation zu aktivieren, da bereits der Eintritt in die Sphäre des Spiels nur freiwillig und damit intrinsisch motiviert erfolgen kann.

In Arbeitskontexten mag eine solche Freiwilligkeit manchmal vorhanden sein, aber sie kommt nicht per se und sie ist nicht herstellbar. Arbeit gegen Geld oder körperliche Unversehrtheit ist eine Tauschbeziehung, die weder eine freie Entscheidung seitens des Arbeitenden über die Arbeitsweise und -inhalte impliziert noch eine totale Sicherheit im Hinblick auf die Ausführung seitens des Geldgebers (Principal-Agent-Problematik, vgl. Coleman 1991, S. 194).

Für das Funktionieren eines virtuellen Counter-Strike-Teams gilt aus unserer Sicht eine andere Bedingung aber absolut: die dem Spiel naturgemäße Abgeschlossenheit und Begrenztheit der Spielwelt und der Spieloptionen und die damit einhergehende Komplexitätsreduktion.

5.3 Regeln für Verlässlichkeit und Flexibilität

Aus einer systemischen Perspektive kann das Spielen nur gelingen, weil die Dynamik und die Varianten durch das Spielfeld, die Spielfiguren und die Spielregeln begrenzt sind. „Das Spiel besteht in der Notwendigkeit, unmittelbar innerhalb der Grenzen und Regeln eine freie Antwort [Hervorhebung im Original] zu finden und zu erfinden", wie Caillois (1960, S. 14) formuliert.

Es ist eben nicht alles möglich, und die Zahl der Kontingenzen und Effekte höherer Ordnung sind geringer als in der klassischen Arbeitsorganisation, die der

beständigen Zumutung durch Absatz-, Beschaffungs-, Kapital- und Meinungs-
märkte ausgesetzt ist und permanent auf dieses Außen mit Anpassungen im Innen
reagieren muss.

Die Spielsituation mit ihren Regeln erweitert und transzendiert das gewöhnliche Leben einerseits, andererseits findet über die Normierung von Spielzweck
und Handlungsoptionen eine Komplexitätsreduktion statt, die im Gegensatz zur
unabgeschlossenen Welt Verlässlichkeit und Erwartbarkeit bietet und damit per se
attraktiv ist.

Die Welt des Spiels bleibt gleich gerahmt und die Eigenschaften dieser Welt
bleiben gesetzt. Ihre Erlernbarkeit und Erwartbarkeit sind ein weiterer Vorteil dieser begrenzten Welt mit ihren vergleichsweise klaren und einfachen Regeln: Wer
genügend Zeit investiert, weiß, *was gespielt wird.*

Diese Erwartbarkeit und die hohe Kommunikationsdichte, die Counter Strike
verlangt, führen zu einer höheren Leistungsgerechtigkeit und über die Verlässlichkeit zu einem leichteren Aufbau von Vertrauen. Damit befindet sich die Spielanlage durch ihre Regelhaftigkeit und das allgemeine verbindliche Wissen um diese
Regeln im Gegensatz zur dynamischen politischen Organisation, deren Kennzeichen gerade eben nicht die Leistungsgerechtigkeit, sondern das Beeinflussen
der Machtkonstellationen ist (Edding 2009). Counter Strike bietet eine Welt, „die
man bewältigen kann, wenn man sich an die Regeln hält" (Baumgaertel 2002).

Die Aspekte der Freiwilligkeit, des Heraustretens in eine neue (virtuelle) Welt
und die klaren Begrenzungen und Regeln wirken natürlich nie für sich allein, sondern immer zusammen wie Caillois (2014, S. 68) veranschaulicht:

> Das Spielfeld … wird sorgfältig von seiner Umgebung abgegrenzt, um zu mar-
> kieren, das es ein bevorzugter Raum ist, in dem Handlungen nur in Bezug auf die
> besonderen Vereinbarungen, die hier Geltung haben, einen Sinn gewinnen. Außer-
> halb der Umfriedung, wie auch vor und nach der Partie, kümmert man sich nicht
> mehr um diese willkürlich festgelegten Regeln. Das Außen, also das Leben, ist im
> Vergleich damit eine Art Dschungel, wo man unzählige Gefahren zu gewärtigen
> hat. Ich glaube, dass die Freude, das Hingebungsvolle, Ungezwungene des Spielens
> auf diese Sicherheit zurückzuführen sind. Man hat die Gewissheit, dass die Dinge
> nur insoweit wichtig sind, als man es ihnen zugestellt, dass man nur in dem Maße
> gefährdet ist, wie man es möchte, und dass man, falls man das wünscht, jederzeit
> die Freiheit hat, sich zurückzuziehen. Welch ein Unterschied zum Leben! Da hat
> man meistens nicht die Möglichkeit, nicht mitzuspielen, wie man so sagt.

Flexibilität durch Standardisierung
Durch die Regelhaftigkeit wird zudem eine Standardisierung erzeugt, die wiederum eine größere Flexibilität hinsichtlich des Personals gestattet. Zwar ist anzu-

nehmen, dass in professionellen Counter-Strike-Organisationen, wie in anderen Businessumgebungen, auch Undurchsichtigkeit und politische Machtkonstellationen anzutreffen sein werden. Da aber vor allem die „Counter-Strike-Persönlichkeit" (und nicht der „ganze Mensch" angefragt ist), ergibt sich eine flexible Organisation, bei der ein relativ einfaches Ein- und Austreten der Mitglieder möglich ist.

Wie im Taylorismus ist die Entscheidung, was gespielt wird/was produziert wird, bereits gefallen und kann konstant gesetzt werden. Auch aus dieser Sicht findet sich der Counter-Strike-Clan zwischen den beiden Polen Gemeinschaft und Organisation eher bei der Organisation wieder. Diese Normierung erinnert an Sennett, der feststellt, dass im flexiblen Kapitalismus, die „Maschinerie der einzige echte Ordnungsrahmen" sei und daher einfach und sofort verständlich sein müsse (Sennett 1998, S. 92).

5.4 Bedingte Limitationen: Was nicht gelingt

Die Standardisierung, die sich aus dem Spielzweck, den Spielregeln und den Spielmöglichkeiten ergibt, reduziert auf der einen Seite Komplexität, sodass eine schnellere Kooperation möglich wird. Die Gesellschaft „entwickelt Komplexität mit Hilfe von dafür geeigneten Komplexitätsreduktionen", wie Luhmann (1997, S. 406) feststellt.

Auf der anderen Seite werden auf die Weise Probleme der Zusammenarbeit wegstrukturiert. Verhandlungen über Individualität und Differenzierung werden abgekürzt, da das gemeinsame Spielinteresse den Short-Cut über genormte Rollen ermöglicht. Ob solche Teams auch bei neuen, nicht in der Spiellogik aufgefangenen Problemen funktionieren können, ist überprüfenswert und müsste im Feld untersucht werden.

Die Dynamiken, die in den Teams durchaus auftauchen, bleiben inhärent an die Rahmung des Spiels und des Systems Counter Strike gebunden, so dass die niedrigere Komplexität auch nur eine eingeschränkte Form der Selbststeuerung erfordert. Es ist zwar durchaus üblich, den eigenen Spielerfolg im Training zu reflektieren (Interview Timur, Nicole, Nikita), aber auch wenn private Probleme im Team veröffentlicht werden, bleibt deren Reflexion im Vergleich zum Spiel zeitlich und priorität nachgeordnet (vgl. Bareither 2012, S. 53).

Entsprechend geringer müssen die Gruppenkompetenzen hinsichtlich Selbstbeobachtung, Selbstbeschreibung, Selbstthematisierung, Selbsterforschung, Selbsterkenntnis und Selbstbewusstsein ausgeprägt sein, die Krainz (2008, S. 18) als deduktive Kette für die Selbststeuerung annimmt.

Im Setting von Counter Strike ist diese Komplexitätsleistung schlicht nicht nötig, da sie gewissermaßen durch den vorstrukturierenden Code inklusive Zielsetzung überflüssig ist. Die Spielumgebung produziert ein hohes Maß an Erwartbarkeit und Vertrautheit sowohl auf dem Spielfeld als auch in den kommunikativen Usancen außerhalb des eigentlichen Spiels.

Zudem sind Counter-Strike-Spielende wie oben als „Modality Switching" beschrieben virtuell in mehreren Räumen, was auch bei diesen Teams eine gewisse Distanz und Verstreuung der Energie bewirkt.

Dies ist in einer Face-to-Face-Gruppensituation, im gruppendynamischen Feld nicht möglich. Die Lewin'sche Formel (Lewin 2012, S. 66), dass das Verhalten V eine Funktion der Person P und der Umwelt U darstellt [V = f (P, U)] und dass P und U in dieser Formel wechselseitig abhängige Größen sind, wird durch die Multimodalität und -optionalität des virtuellen Spielraums (analog zu U) und der Spielpersonen/ -avataren (analog zu P) unscharf.

Von daher steht anzunehmen, dass Konflikte und Widerstände nur bis zu einem gewissen Grade bearbeitet werden – was auch für die meisten Teams in der Arbeitswelt gilt. Aber, um zusammen gut Counter Strike spielen zu können, wird dies auch nicht nötig sein beziehungsweise soll gar nicht nötig werden.

Denn als Kehrseite des freiwilligen Eintritts ist es für alle nicht-professionellen Spieler relativ einfach möglich, sich einer unangenehmen Situation auch zu entziehen, was zumindest als Option entlastet: Man könnte im Wortsinne jederzeit einfach abschalten.

5.5   Fazit

Auch virtuelle Teams im Counter Strike lassen sich mit den Konzepten aus der Gruppendynamik (Gruppendynamischer Raum, Team Building, Gegenüber nach Raoul Schindler) gut beschreiben. Allerdings hier ist der Gruppenprozess technologisch medial vermittelt, was nicht mehr als hinderlich, sondern von den Akteuren durchaus als befreiend wahrgenommen wird.

Dabei hilft – im Gegensatz zu den virtuellen Teams in den Unternehmen – die größere Vorstrukturierung durch Spielzweck und Spielrollen. Zudem ist das Spiel wie in der klassischen Definition von Huizinga freiwillig. Diese Freiwilligkeit ist notwendig, um die erforderlichen „Investitionen" in Zeit und Kommunikation i.e. Gruppenprozesse zu leisten.

Von den virtuellen Teams in Unternehmen unterscheiden sich Counter-Strike-Teams vor allem durch ein klares Ziel, klare Regeln und Strukturen, gleichbleibende (undynamische) Umwelten, also durch eine gewisse Vorformatierung durch Code.

Die Einsicht in diesen schwer aufzuhebenden Unterschied hilft, Erwartungen zu relativieren und damit realistischere Zielsetzungen in der betrieblichen Praxis zu fördern.

Übertrag in die Arbeitswelt

Auch wenn nicht die weitest mögliche Gruppenreife erreicht werden mag, bietet auch die Rahmung der Kooperation (des Zusammenspiels) von Counter Strike genügend Impulse, um darüber nachzudenken, wie gegebenenfalls in den Arbeitskontext übersetzte Spielelemente helfen, die Motivation und Leistung der Arbeitenden zu erhalten und zu erhöhen. Entsprechende Versuche laufen unter dem Begriff „Gamification".

Befürworter versprechen, „dass Spielifizierung die Emotionen, die auch bei Spielen hervorgerufen werden, in den Berufsalltag einbringen möchte und somit die Motivation der Kunden, Mitarbeiter oder des Personalnachwuchses beeinflusst" (Wildemann und Welpe 2014). Wenngleich die Autoren auch konstatieren, dass Gamification kein Allheilmittel und nur eine Unterstützung des „normalen" Berufsalltags sei und nur dosiert eingesetzt werden sollte, so schlagen sie doch vor, neun wesentliche Mechanismen nutzen, die für eine erfolgreiche Motivation durch Spielifizierung sorgen sollen: Sichtbarer Status, einsehbare Ranglisten, Quests (kleine, dem Spielverlauf förderliche Aufgaben), Resultatstransparenz, Rückmeldung, Bedeutung, Fortschrittsanzeige, Zusammenarbeit mit anderen und stufenweise Informationen. Bei der Anwendung sei dabei ständig darauf zu achten, die „Anreize so zu setzen, dass weder eine Über- noch eine Unterforderung der Mitarbeiter entsteht" (Wildemann und Welpe 2014).

In dieser Formulierung wird deutlich, dass der Einsatz von Spielelementen zur Erreichung extrinsisch gesetzter Ziele genutzt werden soll. Gamification definiert Stampfl (2012, S. 21) daher konsequent als

bewusste Nutzbarmachung von Spielmechanismen, um die Motivation von Menschen zu wecken und sie zu ganz bestimmtem Verhalten zu animieren. Gamification passiert nicht einfach, es ist gewissermaßen ein Werkzeug, das von jemandem angewandt wird, um gewisse Ziele zu erreichen.

© Springer Fachmedien Wiesbaden GmbH 2017
B. Mackrodt, *Team Play,* essentials,
DOI 10.1007/978-3-658-16340-2_6

Dies steht jedoch in grundsätzlichen Widerspruch zur Erkenntnis:
„Spiel ist zunächst und vor allem *ein freies Handeln* [Hervorhebungen im Ori-
ginal]. Befohlenes Spiel ist kein Spiel mehr. Höchstens kann es aufgetragenes
Wiedergeben eines Spiels sein" (Huizinga 2006, S. 16).

6.1   Mandatory fun

Entsprechend werden Versuche der „Gamification" in Unternehmen auch als ver-
ordneter Frohsinn, als „mandatory fun" (Mollick und Rothbard 2014) kritisiert.

Wie in dieser Arbeit für die professionellen Counter-Strike-Spielenden argumentiert wird, argumentieren Mollick und Rothbard allgemein, dass wenn schon
keine Freiwilligkeit vorhanden sein kann, so doch zumindest der Grad an Zustimmung („consent") für den Erfolg von Gamification entscheidend ist (Mollick und
Rothbard 2014, S. 39 f.):

> Our findings serve as both an encouragement and a warning for those using games
> to generate changes in employees' experiences: games can have powerful effects
> that can be either positive or negative, depending on the underlying consent of the
> employee.

Auch diese Zustimmung sei an Bedingungen geknüpft. Nötig seien:

* das Vorhandensein und ein Verständnis der Spielregeln sowie
* ein Gefühl von Gerechtigkeit und Fairness,

was wiederum durch ein Einhalten der Spielregeln gewährleistet werde. In Ver-
kehrung von Ursache und Wirkung machen die Autoren dann aber die nicht
befehlbare Freiwilligkeit zum Gradmesser der Zustimmung (Mollick und Rothbard 2014, S. 15):

> In addition to rules and fairness, a final indicator of consent is active engagement
> (…) In gamification, however, because games are being imposed by management,
> employees must actively choose to cooperate and *voluntarily engage* [Hervorhebung
> durch den Verfasser] in the game. Thus, their engagement is not a given, but rather a
> component of their consent.

Das ist ein logischer Zirkelschluss, der nur durch die Simulation von Freiwilligkeit – und damit auch einer simulierten Zustimmung – verdeckt bleiben kann.

Versuche, ein solches spielhaftes Arbeiten zu etablieren, bleiben auf die Simulation eines „als ob" beschränkt, solange die Macht über Organisationsmitgliedschaft, Höhe der Vergütungen, Verwendung der Arbeitszeit an das Kapital beziehungsweise dessen Vertreter gebunden sind und extrinsisch motivieren. Je perfekter die Simulation der Zustimmung und Freiwilligkeit erscheinen soll, desto ausgefeilter und durchdringender müssen die Überwachungssysteme sein – gerade so wie es die Überwachungsmöglichkeiten der digitalen Welt sind, was grundsätzlich für die Durchsetzung einer solchen Simulation eines „als ob"[1] spricht.

Doch wenn Realität und Abbild in eins fallen, ist es, wie Baudrillard schreibt,

[D]as perfektes Verbrechen (…), das einer uneingeschränkten Realisation der Welt durch Aktualisierung aller Daten, durch Transformation all unserer Handlungen, aller Ereignisse in reine Information – kurz: die Endlösung, die vorzeitige Auflösung der Welt durch Klonung der Realität und Vernichtung des Realen durch sein Double (Baudrillard 1996, S. 47).

Folgerichtig erscheint auch Fuchs (2015, S. 13/14) eine totale Gamification als „a pervasion of the original play drive that is sensuous, liberating and free".

Daher verkennt der Ansatz der Gamification mit seiner Übertragung von Spielmechanismen auf die zweckrationale Arbeitsorganisation den kategorialen Unterschied zwischen Spiel und Nicht-Spiel.

Die dem Spiel notwendig innewohnende Freiwilligkeit (mit ihren Folgevorzügen wie intrinsischer Motivation und Engagement) wird im Abhängigkeitsverhältnis der Lohn- und Marktbeziehungen nicht herzustellen sein, selbst wenn diese durch Netzwerkökonomie und globaler Komplexität radikal dynamisiert werden und die Hierarchie als klassischer Organisationsformen des 19. und 20. Jahrhunderts dysfunktional geworden ist. Auch das Hilfskonstrukt der „Zustimmung" ist nicht mehr als eine konzeptionelle Krücke, um Freiwilligkeit von einer Bedingung zu einer messbaren Aktivität umzudeuten. Heißt einmal zugestimmt, immer zugestimmt? Und wie wäre diese Zustimmung messbar?

---

[1]Ortmann nennt in seinem Kompendium der organisationalen Scheinheiligkeit das Vortäuschen von Freiwilligkeit nicht explizit, aber scheint Ähnliches im Sinn zu haben, wenn der schreibt: „In Organisationen sitzen die Leute sozusagen dicht genug aufeinander, um dem rekursiv gebauten Phänomen der Scheinheiligkeit und Bigotterie genügend Stoff, genügend Interaktionsfutter, genügend Anlässe zur Wiederholung und zum Einschleifen bigotter Interaktionsmuster zu bieten" (Ortmann 2004, S. 39).

Zielführender scheint es, von Counter Strike die Zielorientierung, das Wettbe-
werbsdispositiv, die Standardisierung durch Regeln und die regelhafte Belohnung
des Team Play zu übernehmen. Die Überlegung deckt sich mit den Ergebnissen
von Hertel et al. (2004, S. 1), die die Effektivität von virtuellen Teams untersucht
haben:

> In more effective teams, quality of goal setting processes and task interdependence
> were higher compared to less effective teams (…) Moreover, the use of team-based
> rewards as operationalization of outcome interdependence was also positively rela-
> ted with team effectiveness.

6.2   Shifting Baselines

Allerdings erscheinen die Ansätze der Gamification in einem anderen Licht, wenn
Online-Team-Spiele als Anpassungsstrategie an neues ökonomisches und gesell-
schaftliches Szenario im Sinne von *shifting baselines* begriffen werden.

Als „Shifting baselines" bezeichnet Welzer (2014, S. VI) das Phänomen, dass
Menschen ihre Wahrnehmungen parallel zu sich verändernden Umweltbedingungen verändern, so dass sie in der verlaufenden Zeit keine gravierenden Ein-
schnitte wahrnehmen, obwohl man aus der Optik eines Zeitmaschinenreisenden
eklatante Veränderungen bemerken würde. Sie operieren unterhalb der Wahrneh-
mungsschwelle und sind Teil einer unbewussten, lediglich habituellen Anpassung
an sich verändernde Umfeld- und Umweltbedingungen.

Dass die durch Computer möglich werdende Simulation tiefgreifende Wirkungen auf das soziale Miteinander haben werden, beschreibt Turkle (1995, S. 22)
sehr früh und weitsichtig:

> Along with the movement from a culture of calculation toward a culture of simula-
> tion have come changes in what computers do for us and in what they do to us – to
> our relationships and our ways of thinking about ourselves.

Im diesem übergeordneten Sinn sind die Counter-Strike-Spielenden auch eine
Avantgarde für die Gesellschaft insgesamt, indem sie soziale Anpassungsleis-
tungen an die neuen Möglichkeiten des Mediums erbringen, „Kulturformen des
selektiven Umgangs" mit dem durch die neuen Medien produzierten „Über-
schusssinn" (Baecker 2007, S. 10) finden und das neue Medium so „normalisie-
ren" (Baecker 2010).

Mehr noch:

> Im interaktiven Spiegel digitaler Spiele erfahren wir uns und suchen zu verstehen, was lebensweltlich im Begriff ist zu entstehen – eine digitale Gesellschaft und Kultur, die von den Gesellschaften und der industriellen Kultur des 19. und 20. Jahrhunderts so verschieden sein dürfte, wie es diese einst von denen der vorindustriellen Epoche waren (Freyermuth 2015, Position 217; Tab. 6.1).

Ein Zeichen dafür ist, dass die Unterscheidung zwischen medialem Spiel und medial vermittelter Wirklichkeit immer schwieriger wird. Nachdem in den vergangenen Jahren das Computerspiel die möglichst realistische Darstellung echter Kampfhandlungen zum Ziel hatte, nähert sich mittlerweile der reale Krieg dem computererzeugten an, wie ein US-Soldat dem deutschen Fernsehmagazin Panorama (Barreto und Kempmann 2015) berichtet:

> In den allermeisten Fällen sieht er [der befehlshabende Offizier] auch nur die gleichen Bilder von der Drohnenkamera wie wir. Er sitzt auch nur vor einem Bildschirm. Wir hatten mit JTACs [Joint terminal attack controller] zu tun, die in den Vereinten Staaten sitzen, zum Beispiel im Pentagon, während die Drohne Tausende Meilen entfernt fliegt. Ein Typ schaut auf einen Laptop und sagt uns: „Oh, da ist ein Böser, erschießt ihn."

Der Krieg mit Drohnen, der nanosekundengetaktete Handel an den Finanzmärkten und die soziale Gesellung von Menschen als virtuelle Avatare sind Apotheosen einer Gesellschaft der Oberfläche, deren Mitglieder ohne alternde Körperlichkeit, mithin ohne Kindheit, ohne Alter, ohne Gebrechen und ohne Tod dem Transhumanen entgegenstreben. Die strukturelle Gemeinsamkeit auch hier: nichts geht ohne vermittelnden Computer und die interaktive Vernetzung von Dingen, Handlungen, Menschen und Informationen.

Tab. 6.1 Änderung der kulturellen Selbstverständigung. (Eigene Darstellung in Anlehnung an Freyermuth 2015, Pos. 3022)

	Vorindustrielle Kultur	Industrielle Kultur	Digitale Kultur
Modus	Unmittelbares Erzählen	Lineares Erzählen	Interaktion
Gattung	Drama	Epik	Multi-lineare Hyperepik
Form	Theater	Film	Digitale Spiele

Die Maschine als Mitentscheider

Mit der Technisierung einher geht eine Übertragung von Mikrokontrolle an den Softwarecode beziehungsweise das cyberkinetische System. Kontrollinstanzen wie der Schiedsrichter, den Dunning (Elias und Dunning 2003, S. 366) neben dem Team und den Zuschauern als eine der drei konstitutiven Elemente der „Figuration" (im Sinne Nobert Elias) des Sportspiels benennt, werden durch die Maschine ersetzt.

Die Software/das System übernimmt diesen Part und fällt „Micro Decisions" (Sprenger 2015). Bei Counter Strike beispielsweise über Treffer oder Nicht-Treffer. Bei Navigationsgeräten über die links oder rechts („ihre Route wird neu berechnet"). Damit ist Counter Strike auch Avantgarde in Hinblick auf die Zusammenarbeit von Mensch und Maschinen, die Entscheidungen treffen, die das gesamte System beeinflussen.

Im Sinne Selkes wird das Computerspiel zum „Postmedium", das „neue Gewohnheiten, Routinen, soziale Normen und Verhaltensweisen schafft, die aus dem Funktionsprinzip des Gerätes resultieren" (Selke 2009, S. 21) – ganz so, wie die „Märkte" als alternativlos beschriebene Eigengesetzlichkeiten prozessieren, ihrerseits auch hochgradig algorithmisiert und digitalisiert.

Castells hebt hervor, dass die andere, neue oder Post-Moderne koinzident gedacht werden muss mit der Digitalisierung als alldurchdringender Basistechnologie *und* der Deregulierung der Finanzmärkte in den 80er und 90er Jahren des 20. Jahrhunderts:

> Unter den Bedingungen der Netzwerkgesellschaft ist das Kapital global koordiniert, die Arbeit ist individualisiert. Der Kampf zwischen unterschiedlichen Kapitalisten und Arbeiterklassen ist unter den fundamentalen Gegensatz zwischen der nackten Logik der Kapitalströme und den kulturellen Werten der menschlichen Erfahrung subsummiert worden (Castells 2001, S. 535).

Ein Kennzeichen dieses neuen Wirtschaftssystems ist, dass der globale Finanzmarkt fast viermal größer wurde als die weltweite Realwirtschaft (Spremann 2013, S. 70) und diese gewissermaßen vorsteuert. Eine Arbeitsgruppe der ETH Zürich hat im Jahr 2011 eine Studie publiziert, der zufolge 40 % des weltweiten Unternehmenswertes von lediglich 147 transnational agierenden Unternehmen gehalten werden, wovon die ersten 49 Plätze an Finanzunternehmen gehen (Vitali et al. 2011). Aus dieser Sicht kann das, was bei den Organisationen und letztlich beim Einzelnen als permanente Change-Anfrage ankommt auch als Variable der kontingenten Eigengesetzlichkeit des globalen Finanzmarktes verstanden werden.

Je besser die Individuen darauf eingespielt sind, sich schnell im Netz neu zu formieren, desto leichter können sie mit diesen Dynamiken umgehen. Counter Strike trainiert diese Flexibilität früh. Counter-Strike-Spielende können daher als gesellschaftliche Avantgarde verstanden werden und Gaming als erste holistische Nutzung des Internet als neues Leitmedium.

So gilt für auch für diese Jugendbewegung, was Savage (2008, S. 13) allgemein für Jugendbewegungen formuliert hat:

> Würde man diejenigen, die sich als Vorreiter von der Masse abheben, zugunsten jener vernachlässigen, die dem Status Quo entsprechen, liefe dies auf ein völlig falsches Verständnis von Jugend und die Weigerung hinaus, sich auf die Zukunft einzulassen.

Was Sie aus diesem *essential* mitnehmen können

- Einblick in eine „post-traditionale" Gemeinschaft
- Verständnis für die Motivation zum Spiel
- Mögliche Erfolgsfaktoren virtueller Teamarbeit

© Springer Fachmedien Wiesbaden GmbH 2017　　　　　49
B. Mackrodt, *Team Play,* essentials,
DOI 10.1007/978-3-658-16340-2

Literatur

Akin, Niyazi, und Jorg Rumpf. 2013. Führung virtueller Teams (Report). *Gruppendynamik und Organisationsberatung* 44 (4): 373.

Albrecht, Arnd, und Evelyn Albrecht-Goepfert. 2012. Vertrauen, Verantwortung, Motivation und Kommunikation. Was Führung in virtuellen Strukturen von klassischer Teamarbeit unterscheidet. *Personalführung (Zeitschrift)* 2012 (6): 44–50.

App, Sonja. 2013. *Virtuelle Teams*. München: Haufe Verlag.

Baecker, Dirk. 2007. *Studien zur nächsten Gesellschaft*. Frankfurt a. M.: Suhrkamp.

Baecker, Dirk. 2010. Die Krisen der Computergesellschaft. *Sternstunde Philosophie, Fernsehendung des SRF*, 2. Mai.

Bareither, Christoph. 2012. *Ego-Shooter-Spielkultur: Eine Online-Ethnographie*. Tübingen: Tübinger Vereinigung für Volkskunde e. V.

Barreto, Diani, und Antonius Kempmann. 2015. Drohnenpilot Bryant im Interview. "Deutsches Vertrauen ausgenutzt". http://www.tagesschau.de/ausland/drohnenpilot-101.html. Zugegriffen: 30. Okt. 2015.

Baudrillard, Jean. 1996. *Das perfekte Verbrechen*. München: Matthes & Seitz.

Bauman, Zygmunt. 2005. *Moderne und Ambivalenz: Das Ende der Eindeutigkeit*. Hamburg: Hamburger Edition.

Baumgaertel, Tilman. 2002. Hol die Geiseln aus dem Keller. *Die Zeit* 2002 (32). http://www.zeit.de/2002/32/Hol_die_Geiseln_aus_dem_Keller/komplettansicht.

Blizzard. 2014. World of Warcraft überschreitet nach dem Erscheinen von Warlords of Dranenor die Zahl von 10 Millionen Abonnenten. http://blizzard.gamespress.com/de/Site/ReservedUrl?reservedUrl=WORLD-OF-WARCRAFT-SURPASSES-10-MILLION-SUBSCRIBERS-AS-WARLORDS-OF-DRAE. Zugegriffen: 30. Okt. 2015.

Bourdieu, Pierre. 2012. Ökonomisches Kapital, kulturelles Kapital, soziales Kapital. In *Handbuch Bildungs- und Erziehungssoziologie*, Hrsg. Ullrich Bauer, Uwe H. Bittlingmayer, und Albert Scherr, 229–242. Wiesbaden: VS Verlag.

Caillois, Roger. 1960. *Die Spiele und die Menschen. Maske und Rausch*. Stuttgart: Curt E. Schwab.

Caillois, Roger. 2014. Das Spiel und das Heilige. *Das Spielelement der Kultur: Spieltheorien nach Johan Huizinga von Georges Bataille, Roger Caillois und Eric Voegelin*, 59–74. Hamburg: Sautter + Lackmann.

Castells, Manuel. 2001. *Der Aufstieg der Netzwerkgesellschaft*. Opladen: Leske + Budrich.

© Springer Fachmedien Wiesbaden GmbH 2017
B. Mackrodt, *Team Play*, essentials,
DOI 10.1007/978-3-658-16340-2

Chesbrough, Henry W. 2003. *Open innovation: The new imperative for creating and profiting from technology*. Boston: Harvard Business School Press.

Cole, Helena, und Mark D. Griffiths. 2007. Social interactions in massively multiplayer online role-playing gamers. *CyberPsychology & Behavior* 10 (4): 575–583.

Coleman, James S. 1991. *Grundlagen der Sozialtheorie. Handlungen und Handlungssysteme*, Bd. 1. Oldenbourg: München.

Connell, R.W. 1999. *Der gemachte Mann: Konstruktion und Krise von Männlichkeiten*. Opladen: Leske + Budrich.

Csikszentmihalyi, Mihaly. 2010. *Flow: Das Geheimnis des Glücks*, 15. Aufl. Stuttgart: Klett-Cotta.

Domahidi, Emese, Ruth Festl, und Thorsten Quandt. 2014. To dwell among gamers: Investigating the relationship between social online game use and gaming-related friendships. *Computers in Human Behavior* 35: 107–115.

Döring, Frank, und Laura Meser. 2013. Warum drei von vier virtuellen Teams scheitern. (2). http://www.rochusmummert.com/downloads/news/82_130912-rm_fa_virtuelle_teams_fd_07.pdf.

Edding, Cornelia. 2009. *Die gute Herrschaft – Führungsfrauen und ihr Bild der Organisation*. Bern: Haupt.

Elias, Norbert, und Eric Dunning. 2003. *Sport und Spannung im Prozess der Zivilisation*. Frankfurt a. M.: Suhrkamp.

Fritz, Jürgen. 2005. Wie virtuelle Welten wirken. Über die Struktur von Transfers aus der medialen in die reale Welt. http://www.bpb.de/gesellschaft/medien/computerspiele/63699/wie-virtuelle-welten-wirken?p=all. Zugegriffen: 25. Aug. 2015.

Frostling-Henningsson, Maria. 2009. First-Person Shooter Games as a Way of Connecting to People: "Brothers in Blood". *CyberPsychology & Behavior* 12 (5): 557–562. http://dx.doi.org/10.1089/cpb.2008.0345. 10.1089/cpb.2008.0345.

Fuchs, Mathias. 2015. *Total Gamification diversity of play. Lüneburg: meson press, Hybrid publishing lab, centre for digital studies*, 1–18. Lüneburg: Leuphana University of Lüneburg.

Gallenkamp, Julia, Arnold Picot, Isabell Welpe, und Marcus Drescher. 2010. Die Dynamik von Führung, Vertrauen und Konflikt in virtuellen Teams. *Gruppendynamik und Organisationsberatung* 41 (4): 289–303.

Geramanis, Olaf. 2002. *Vertrauen. Die Entdeckung einer sozialen Ressource*. Stuttgart: Hirzel.

Geramanis, Olaf. 2014. Die Zukunft der Organisation. Kann man Teams vertrauen? In *Organisation und Intimität der Umgang mit Nähe im organisationalen Alltag – zwischen Vertrauensbildung und Manipulation*, Hrsg. Olaf Geramanis, und Kristina Hermann. Heidelberg: Carl Auer.

Giersberg, Georg. 2014. Der demographische Wandel rückt näher. *Frankfurter Allgemeine Zeitung*, 31. Dezember.

Götzenbrucker, Gerit. 2004. *Machtverschiebungen im Cyberspace: Virtualisierte soziale Netzwerke als Ausgangspunkt innovativer Organisationsprozesse*. Wiesbaden: Springer.

Hepp, Andreas, und Waldemar Vogelgesang. 2009. Die LAN-Szene. *Die Computerspieler*, 97–112. Wiesbaden: Springer VS.

Herrmann, Dorothea, Knut Hüneke, und Andrea Rohrberg. 2012. *Führung auf Distanz: Mit virtuellen Teams zum Erfolg*. Wiesbaden: Gabler.

Hertel, Guido, Udo Konrädt, und Borris Orlikowski. 2004. Managing distance by interdependence: Goal setting, task interdependence, and team-based rewards in virtual teams. *European Journal of Work and Organizational Psychology* 13 (1): 1–28. http://dx.doi.org/10.1080/13594320344000228. 10.1080/13594320344000228.

Hitzler, Ronald. 1998. Posttraditionale Vergemeinschaftung. *Berliner Debatte Initial* 9 (1): 81–89.

Hitzler, Ronald, und Arne Niederbacher. 2010. *Leben in Szenen. Formen juveniler Vergemeinschaftung heute*, 3. vollst. überarb. Aufl. Wiesbaden: VS Verlag.

Hobsbawm, Eric John. 2007. *Globalisation, democracy and terrorism*. London: Little.

Horak, Jan. 2013. Framing Games. E-Sport im Spannungsfeld von PR und Journalismus. Master Thesis. Westfälische Wilhelms-Universität Münster. Master of Arts. München: GRIN Verlag. http://www.grin.com/de/e-book/282356/framing-games-e-sport-im-spannungsfeld-von-pr-und-journalismus.

Huizinga, Johan. 2006. *Homo Ludens. Vom Ursprung der Kultur im Spiel*, 20. Aufl. Reinbek bei Hamburg: Rowohlt Taschenbuch.

Jansz, Jeroen, und Martin Tanis. 2007. Appeal of playing online first person shooter games. *CyberPsychology & Behavior* 10 (1): 133–136.

König, Oliver, und Karl Schattenhofer. 2011. *Einführung in die Gruppendynamik*, 5. Aufl. Heidelberg: Carl Auer.

Kowert, Rachel, und Julian A. Oldmeadow. 2014. Playing for social comfort: Online video game play as a social accommodator for the insecurely attached. *Computers in Human Behavior* 53: 556–566.

Krainz, Ewald E. 2008. Gruppendynamik als Wissenschaft. *betrifft: TEAM: Springer*, 7–28. Wiesbaden: Vs Verlag.

Kühl, Stefan. 2011. *Organisationen: Eine sehr kurze Einführung*. Wiesbaden: VS Verlag.

Lehmann, Philipp, Andreas Reiter, Christina Schumann, und Jens Wolling. 2009. Die First-Person-Shooter. In *Die Computerspieler*, Hrsg. Thorsten Quandt, Jeffrey Wimmer, und Jens Wolling, 241–261. Wiesbaden: VS Verlag.

Lewin, Kurt. 2012. *Feldtheorie in den Sozialwissenschaften. Ausgewählte theoretische Schriften*. Bern: Huber.

Luhmann, Niklas. 1997. *Die Gesellschaft der Gesellschaft*. Frankfurt a. M.: Suhrkamp.

Mattheis, Philipp. 2015. „Die Firma der Zukunft hat keine Angestellten mehr". In Wirtschaftswoche. http://www.wiwo.de/unternehmen/industrie/haier-chef-zhang-ruimin-die-firma-der-zukunft-hat-keine-angestellten-mehr-/11740152.html.

McGonigal, Jane. 2011. *Reality is broken: Why games make us better and how they can change the world*, kindle Aufl. London: Jonathan Cape Random House epub.

Mollick, Ethan R., und Nancy Rothbard. 2014. Mandatory fun: consent, gamification and the impact of games at work. In *The Wharton School research paper series*. http://papers.ssrn.com/sol3/Papers.cfm?abstract_id=2277103.

Müller-Lietzkow, Jörg. 2006. Leben in medialen Welten: E-Sport als Leistungs- und Lernfeld. *merz* 50 (4): 28–33.

o. A. o. J. CS:GO Competitive guide. http://cs.ingame.de/tipps-tricks/csgo-competitive-guide/. Zugegriffen: 14. Sept. 2015.

Ortmann, Günther. 2004. *Als ob. Fiktionen und Organisationen*. Wiesbaden: VS Verlag.

Pentland, Alex. 2012. Kommunikation ist der Schlüssel. *Harvard Business Manager* 34 (5): 36.

Ramirez, Artemio, und Shuangyue Zhang. 2007. When Online Meets Offline: The Effect of Modality Switching on Relational Communication. *Communication Monographs* 74 (3): 287–310. http://dx.doi.org/10.1080/03637750701543493. 10.1080/03637750701543493.

Reer, F., und N. C. Kramer. 2014. Underlying factors of social capital acquisition in the context of online-gaming: Comparing World of Warcraft and Counter-Strike. *Computers in Human Behavior* 36: 179–189. doi:10.1016/j.chb.2014.03.057. <Go to ISI>:// WOS:000338387300021.

Reeves, Stuart, Barry Brown, und Eric Laurier. 2009. Experts at Play: Understanding Skilled Expertise. *Games and Culture* 4 (3): 205–227. http://gac.sagepub.com/content/4/3/205.abstract. 10.1177/1555412009339730.

Rosa, Hartmut. 2006. Wettbewerb als Interaktionsmodus. *Leviathan*. 34 (1): 82–104. 10.1007/s11578-006-0005-z. 10.1007/s11578-006-0005-z.

Savage, Jon. 2008. *Teenage: die Erfindung der Jugend (1875–1945)*. Frankfurt a. M.: Campus.

Schwarz, Gerhard. 2005. *Konfliktmanagement. Konflikte erkennen, analysieren, lösen*, 7. erweiterte Aufl. Wiesbaden: Gabler.

Schwarz, Gerhard. 2007. *Die "Heilige Ordnung" der Männer Hierarchie, Gruppendynamik und die neue Rolle der Frauen*, 5. überarb. Aufl. Wiesbaden: VS Verlag.

Seligman, Martin. 2006. *Learned optimism: How to change your mind and your life*, 1. Aufl. New York: Vintage Books.

Selke, Stefan. 2009. *Postmediale Wirklichkeiten wie Zukunftsmedien die Gesellschaft verändern*. Hannover: Heise.

Sennett, Richard. 1998. *Der flexible Mensch. Die Kultur des neuen Kapitalismus*, 8. Aufl. Berlin: Berlin-Verlag.

Spremann, Klaus, und Pascal Gantenbein. 2013. *Finanzmärkte : Grundlagen, Instrumente, Zusammenhänge*, 2., überarb. und erw. Aufl. Konstanz: UVK.

Sprenger, Florian. 2015. *The politics of micro-decisions: Edward Snowden, net neutrality, and the architectures of the internet*. Lüneburg: Meson Press.

Stampfl, Nora S. 2012. *Die verspielte Gesellschaft. Gamification oder Leben im Zeitalter des Computerspiels*. Telepolis: Hannover.

Trepte, Sabine, Leonard Reinecke, und Keno Juechems. 2012. The social side of gaming: How playing online computer games creates online and offline social support. *Computers in Human Behavior* 28 (3): 832–839. http://www.sciencedirect.com/science/article/pii/S0747563211002706. http://dx.doi.org/10.1016/j.chb.2011.12.003.

Turkle, Sherry. 1995. *Life on the screen*. New York: Simon and Schuster.

Van Vugt, Mark, David De Cremer, und Dirk P. Janssen. 2007. Gender differences in cooperation and competition the Male-Warrior hypothesis. *Psychological Science* 18 (1): 19–23.

Vitali, Stefania, James B Glattfelder, und Stefano Battiston. 2011. The network of global corporate control. *PloS one* 6 (10): e25995.

Welzer, Harald. 2014. Vorwort. In *Wandel (v)erkennen Shifting Baselines und die Wahrnehmung umweltrelevanter Veränderungen aus wissenssoziologischer Sicht*, Hrsg. Dietmar Rost. Wiesbaden: Springer VS.

Wiemken, Jens. 2003. Counter-Strike. http://www.spielbar.de/neu/2008/07/phanomen-bildschirmspiele-counter-strike/. Zugegriffen: 14. Sept. 2015.

Wildemann, Horst, und Isabell Welpe. 2014. Spiel mal am Arbeitsplatz. *Frankfurter Allgemeine Zeitung* 2014 (11): 20.

Wolling, Jens, Thorsten Quandt, und Jeffrey Wimmer. 2008. *Warum Computerspieler mit dem Computer spielen*. Wiesbaden: Springer.

Woytewicz, Daniela. o. J. Die Welt des eSport. http://www.sportschau.de/weitere/allgemein/e-sport-ligen-turniere-100.html. Zugegriffen: 30. Okt. 2015.

Printed in the United States
By Bookmasters